訪ねておきたい名駅舎たち

絶滅危惧駅舎

写真と文 杉﨑行恭

二見カラー文庫

はじめに

司馬遼太郎の『坂の上の雲』の舞台となった伊予松山（松山市）。この街には、夏目漱石の『坊ちゃん』にも登場する三津《みつ》という古い港町がある。伊予鉄道三津駅舎は、アールデコをモチーフにした木造駅で、三津の船大工の作ともいわれる曲がり材を多用した名駅舎として長年愛されてきた。しかし平成20年、この駅舎はあっさり破壊された。その理由は「駅前にバスが入らないから」。保存を訴えていた人たちは天を仰いだ。

同様にJR両毛《りょうもう》線のモダンな佐野駅舎は「東西通路を造りたいから」、善光寺を模した長野駅は「オリンピックがあるから」、高原の木造駅だった軽井沢は「新幹線ができるから」。夏目漱石ゆかりの上熊本《かみくまもと》駅に至っては「九州新幹線の工事に邪魔だから」という理由でなんとも不細工な建物に改築されている。

もとより鉄道の駅は実用の具である。その機能性や安全性は確保されなければならない。まして朽ち果てて廃墟のようになった駅舎を闇雲に残せとは言わない。

要はバランスの問題なのだ。

しかし、その地域の玄関でありランドマークとして歴史を刻んできた駅舎に対していささかのオマージュもなく、「耐震化、バリアフリー化」という抗しがたい理由を付けて襲いかかるのは、鉄道会社ではなく地元自治体だったりする。

今の日本のバランス感覚を欠いた行政が危険なのだ。

「地方分権」と称して権限と予算を手渡すと、愚かな市長や町長は古い駅舎を狙う。

ほとんどの場合、改築が発表されたときにはすでに予算と業者が決まっており、保存運動にたちあがると、裏社会に脅かされる実例を何度も見てきた。そこには歴史と時間が織りなした風景を守ろうという気持ちはなく、もっと別の理屈で動く、どす黒い地下水脈が見え隠れする。

「日本」という列車はいま、急カーブが連続する難所を走っている。古きよき駅舎は遠心力で振り落とされようとしているのだ。

皆が親しんだ駅舎がなくなり、しだいに駅前がなくなって、最後には地域が消えてしまう。

ここ数年、危機感を抱いて全国の駅を訪ね歩いた。本書に掲載した駅舎は、果たして10年後に存在しているであろうか。

あるとき、列車が停まってうしろをふり返ったら「快適で清潔で管理しやすい」公衆便所のごとき駅舎の列が延々と続いている。

日本の風景がそんなことにならないよう、願ってやまない。

2010年(平成22年)5月　　杉﨑行恭

訪ねておきたい名駅舎たち

絶滅危惧駅舎

目次

明治の駅舎

モダニズムの駅舎

神社仏閣駅舎

王道の洋館駅舎

石とコンクリートの駅舎

山小屋形駅舎

ビルのような木造駅舎

嗚《あ》呼《あ》、国鉄建築の駅舎

しみじみ
ニッポンの駅舎

廃線跡に
なお残る駅舎

都会の下町に奇跡のように残っていた洋館駅舎、この珠玉の小建築も鉄道高架化事業で消えようとしている。南海電鉄諏訪ノ森駅（本文93P）

NANKAI SUWANOMORI STN.
POST

凍てつく北海道の開拓地に残る廃線跡の駅舎。豊富な農産物を送りだした駅を訪ねる人も絶え、最後の日を待つ。深名線沼牛駅（本文 152P）

初夏の夕方、大正の駅舎に人々が集まってくる。長い時がつくり出した幸福な空間は加速度をつけて減っていく。松浦鉄道蔵宿駅（本文 148P）

明治時代、洋館駅舎は宮殿のように見えただろう。そんな駅舎は存在するだけで文化財だ。南海浜寺公園駅（本文20P）

見事なログハウス駅舎に改築が迫る。中央本線大月駅（本文116P）

上2点／趣ある駅舎は地方私鉄に多い。鉄道全盛期だった昭和初期は全国に毛細血管のように私鉄ができて駅を置いた。そんな駅舎はやがて土地の原風景になっていく。長野電鉄松代駅（本文 140P）

駅から町は発展した。しかしクルマ社会になると駅は邪魔者にされた。
こうして名駅舎は消えていく。鹿児島本線折尾駅（本文99P）

上／小私鉄は本社が駅にあることが多い。だから駅舎に社長室や会議室もあって立派になる。時は過ぎ、そんな立派な駅が残った。旧南部縦貫鉄道七戸駅（本文157P）

右／戦後の国鉄は、機能と合理性がなによりも優先され駅のデザインにも反映された。昭和30年代までは、そんな直線構成が気持ちよかった。函館本線深川駅（本文127P）

木造駅舎は移築が可能な構造物だった。明治時代、改築された旧駅舎は他の場所に返り咲いた。筑豊本線直方駅（本文27P）

上2点／旅人にとって、さいはての駅は特別な存在だ。そんな駅に歴史を感じなくなったら、列車の旅は魅力を失う。宗谷本線稚内駅（本文126P）

明治の駅舎

明治初期の鉄道は、主なターミナルでは外国人技師による石造りやレンガ造りの駅舎が建てられた。しかし中間駅となると切妻屋根の木造駅舎を並べていった。それでも初期から西洋建築の三角形に組んだトラス構造が用いられ、これが全国に広がっていく。その特徴はシンプルにして堅固。日本の駅舎建築の原型となった明治の駅舎だが、ほとんどが100年を過ぎたいま、急速に数を減らしている。

浜寺公園《はまでらこうえん》駅 南海本線／大阪府 堺市

木造駅舎の女王様

あの赤レンガの東京駅を手がけた建築界の大御所、辰野金吾が東京駅以前に設計したのが、この浜寺公園駅舎だ。かつてここは白砂青松の海浜リゾートで、なおかつ南海が開発した住宅街の街でもあった。そのため正面に鹿鳴館風の柱を並べた駅舎を奮発した。それでもデザインに破綻がないのはさすがに建築家の手によるものだ。それから100年を経て周囲は下町風景に変貌したが、齢を経てなお艶のある姿は宝塚の大姉御を思わせる。現在この沿線は高架化事業が進行中で保存は予断を許さない。各所にひびの入った木造建築だが、これは駅舎界の法隆寺。必見だ。

●右写真
1 鹿鳴館にも見られたとっくり形の柱が玄関に立つ
2 関空からの特急ラピートと明治の駅舎

■明治30年(1897)10月1日：南海鉄道浜寺駅として開業
■明治40年(1907)8月：現駅舎に改築、浜寺公園に駅名改称

柘《つ》植《げ》駅 JR関西本線／三重県 伊賀市

生涯現役、要衝《ようしょう》の番人

柘植駅の開業は明治23年。あの新橋～横浜間の鉄道開業（明治５年）からわずか18年後である。その当時の駅舎が昭和５年に一部改造されたままの姿でとどまっているという。簡素な切妻造りに、とってつけたような玄関が奇妙にアンバランスだが、駅頭の植え込みや細かな造作にも投げやりな感じがしないのは長年有人駅だったせいだろうか。この柘植駅で草津線と関西本線が接続するため、ローカル区間ながら重要な駅でもある。今となっては駅舎のどこの部分がオリジナルかは定かではないが、峠を越えてきた列車を優しく守る駅舎の姿は一幅の絵を見るようだ。

●右写真
1 シンプルな木造駅舎と広い構内
2 明治時代から構内レイアウトも変わっていない

■明治23年（1890）：関西鉄道の駅として開業
■明治40年（1907）：国有化
■明治42年（1909）：関西本線の駅となる

伊《い》賀《が》上《うえ》野《の》駅 JR関西本線／三重県 伊賀市

大屋根は伊賀者の隠れ家か

大陸的な大屋根を持つ駅舎は明治30年に関西鉄道により開業。昭和40年に改装され、近年も手が加えられた模様。本来ならば大動脈になるべきだったこの関西本線も私鉄買収線として冷遇され、国鉄・JRから放置状態のままにされてきた。その結果、明治の駅舎が多く残る路線になったのだ。ともあれ伊賀上野駅は木造駅舎にしては端正にして威風堂々とした建物だが、どことなくでっかい置物のような雰囲気がするのは、放置された所産か。壁面の新建材やアルミサッシが厚化粧で悲しい。開業時の姿に近づけることができたら、まれにみる財産になる。惜しい駅舎だ。

●右写真
1 非電化の関西本線と電化された伊賀鉄道の分岐駅
2 駅頭に伊賀出身の芭蕉の句碑が立つ

■明治30年（1897）1月15日：関西鉄道の上野駅として開業
■明治40年（1907）：国有化される
■明治42年（1909）：関西本線に路線名改称
■大正5年（1916）：伊賀上野に駅名改称

鳥《と》栖《す》駅　JR鹿児島本線／佐賀県 鳥栖市

超然として古さを隠さぬ老将軍

鳥栖駅は一種の奇跡である。なにしろここは鹿児島本線と長崎本線の分岐駅にして、鳥栖機関区や鳥栖操車場もあった巨大駅だったからだ。そんな超多忙駅にありながら明治の駅舎が残るのはひとえに、ここが通過形ステーションだったことによる。地元利用は比較的少なく、ご老体に任せても充分だったのだ。気がつくとすでに機関区や操車場はなく、明治生まれの駅舎だけが踏ん張るということとなった。幸か不幸か九州新幹線は新鳥栖駅を通り、周辺の再開発も暗礁に乗り上げて駅舎改築の動きは止まっている。やがてくる玉砕の日まで、元気に戦ってほしい名駅舎である。

●右写真
1 車寄せに時計を掲げた九州独特のスタイル
2 明治44年と書かれた鉄道財産票

■明治22年（1889）12月11日：九州鉄道の駅として開業
■明治40年（1907）：国有化される
■明治44年（1911）：現駅舎に改築

帯解駅《おびとけ》 JR桜井線／奈良県 奈良市

奈良盆地に残る、まほろばの駅

じつはこの駅舎の正確な建築年代は不明だ。桜井線は明治31年に奈良鉄道によって開設され、皇族が安産祈願を行なう帯解寺の近くに駅を置いた。しかし明治31年とは相当に古い。世界ではアメリカがスペインと戦争をしていた（米西戦争）頃である。駅舎は幾度か改修されて「明治駅でござい」と言うには心苦しい状態だが、黒光りした柱や悠揚迫らざる空間が、奈良盆地にたたずむ居心地のいい風景になっている。繰り返すが、漆喰の白壁や縦板の腰壁など、駅舎には大正時代前期までしか用いられない様式で、改築されたとしても100年近い年代物であることは間違いない。

●右写真
1 単線路線だが交換可能な駅構内、帯解寺にも近い
2 かさ上げされたホーム、無人化されて久しい

■明治31年（1898）5月11日：奈良鉄道によって開業、駅舎竣工か
■明治38年（1905）：関西鉄道となる
■明治40年（1907）：国有化
■明治42年（1909）：桜井線の駅となる

櫟本《いちのもと》駅 JR桜井線／奈良県 天理市

壇上の停車場は青《せい》眼《がん》の構え

古寺のような杉板が赤黒く、玄関の車寄せもなかなか立派。駅前をハッシとにらむ代官所のような雰囲気を漂わす駅だ。そう見えるのも階段上にあるからで、列車から降りてきた客が殿や姫に見えるから(言いすぎかも)不思議だ。ともあれ櫟本駅も隣駅の帯解駅舎同様に「疑似明治駅舎」だが、年季の入った構えが浮世を忘れさせてくれる。すでに代官ならぬ駅員はいない無人駅で、近郊路線の中間駅としてはいささか大きすぎの駅舎だが、末永く保持を期待したい。櫟本とは近くにあった、天狗が住むという櫟《いちい》の大木に由来する。駅名も浮世離れの駅である。

●右写真
1 駅舎は下り線(桜井方面)ホームに沿って建つ
2 古い木造のレール鉄骨組の跨線橋にも注目

■明治31年(1898)5月11日：奈良鉄道により開業、駅舎竣工か
■明治38年(1905)：関西鉄道の駅となる
■明治40年(1907)：国有化
■明治42年(1909)：桜井線の駅となる

1

2

建《たけ》部《べ》駅 JR津山線／岡山県 岡山市

看板と存在感で時を超える

建部駅舎が建てられた明治33年は19世紀最後の年、西暦1900年である。鉄道史からみれば“神話時代”につくられた駅舎は、大屋根を巡らせたなかに犬走り（雨よけの空間）を設ける珍しい構造を持っている。さすがに2世紀前の建築は全体に歪んでおり、行く末が案じられたが平成20年に建部町によって大規模な補修工事が施された。駅舎にはタクシー会社の事務所が入居し、午後になると子供たちの遊び場と化す。玄関には闊達な文字の看板がかかり、訪れる者に強い印象を残す。隣接して国鉄時代の官舎も残る。水田の停車場は、よき時代がまるごと見える世紀末の駅である。

●右写真
1 老朽化していた建部駅舎、近年補修されたという
2 隣接する鉄道官舎がそのままの姿で使われている

■明治33年（1900）4月14日：中国鉄道により開業、駅舎もこの当時のものか
■昭和19年（1944）：国有化され津山線所属となる

直方駅《のおがた》 JR筑豊本線／福岡県 直方市

石炭を送り出した、老骨の駅

戦後の一時期、この直方駅は灰神楽《はいかぐら》が立つほどすさまじい状況だった。周囲には中小の炭鉱が割拠して黒ダイヤと呼ばれた石炭をわれ先に出荷した。気の荒い炭鉱主がつめかけて貨車を奪い合い、駅長机にはドス（短刀）を突き立てた傷跡もあったという。炭鉱の坑道は駅舎直下にまで及び、地盤沈下で１番ホームは廃止されている。修羅場をくぐってきた駅舎は明治の建築とされているが定かではない。ただし玄関の車寄せは初代博多駅にあったものを移築したものだという。しかし小説『青春の門』の舞台にもなった直方の駅舎は橋上化のため、まもなく消えようとしている。

●右写真
1 初代博多駅のものというクラシックな車寄せ部分
2 3本のエンタシス柱を束ねた造形も見事

■明治24年（1891）8月30日：筑豊興業鉄道として開業
■明治30年（1897）：九州鉄道に吸収
■明治40年（1907）：国有化
■明治43年（1910）：現駅舎竣工、初代博多駅を移築？

東別府《ひがしべっぷ》駅 JR日豊本線／大分県 別府市

復活した湯の街の駅

　明治時代より鉄道駅舎の構造は厳しく「洋風トラス組み」と決められてきた。それでも実際に施工するのは地元の大工なので、細かな材の継ぎ手などは宮造りのような和風の手法を用いたという。明治44年に豊州本線（日豊本線）が開通したときに浜湧《はまわき》駅として設けられた駅舎は、駅前にあった浜湧温泉の衰退とともに存在感を失い、気がつけば大分最古の駅舎になっていた。幸い平成16年に全面改修され往時の姿に蘇った。駅は小川をまたぐようにして設けられ、真夏でもひんやりとした風が流れる。縦板の腰壁、漆喰の壁など、明治駅舎の基本形を見ることができる。

●右写真
1 ホームにもひさしが伸びる、明治以来のスタイルだ
2 かつては別府温泉の中心として賑わった駅

■明治44年（1911）11月14日：鉄道院豊州線の浜湧駅として開業、駅舎も竣工
■昭和9年（1934）：東別府に駅名改称

柚須原駅《ゆすばる》 平成筑豊鉄道田川線／福岡県 田川郡赤村

忘れられた九州最古の停車場

1

2

明治の駅舎が残るには、注目されるか、忘れられるか、その二つである。明治28年に山中の寒村に置かれた駅舎は、初代の豊州《ほうしゅう》鉄道、そして九州鉄道、さらに国鉄、JRと見事に忘れられてきた。その間、使い古された駅舎は老朽化の一途をたどって、各所で板がはずれて解剖学的なところまでかいま見える。しかし、土台の赤レンガや分厚い壁板など、明治駅らしい貫禄は消えてはいない。この駅舎は地元の手芸作家が工房として使い、建物に人の気配を宿す。私鉄となった鉄道会社に駅舎保存の余力はなく、行く末は予断を許さない。行政に狙われるのは、こんな駅舎である。

●右写真
1 外周のひさしの下の犬走りに、赤レンガが見える
2 明治の駅で飼われている白ネコ

■明治28年（1895）8月15日：豊州鉄道として開業。駅舎も竣工か
■明治40年（1907）：国有化される
■平成元年（1989）：平成筑豊鉄道に転換

大畑駅《おこば》 JR肥薩《ひさつ》線／熊本県 人吉市

山上の駅は線路の楽園

車両より「線路」が好きだった私にとって、大畑駅はまさに天国のような場所だ。明治時代、この肥後・薩摩国境にそびえる山塊を越えるためにループ線とスイッチバックを組み合わせて標高約500mの峠を越えた。大畑駅はまさにそのループ&スイッチバックの接合点に置かれた駅だった。そのため山の鞍部《あんぶ》に鉄のレールが縦横に奇妙な線を描く。蒸気機関車時代、乗客や機関士がススだらけになった顔や手を洗ったという湧水鉢もホームに残る。駅舎も切妻にひさしを組み合わせた古式ゆかしい建物。ここは見るものが多すぎて行くたびに落ち着かなくなる鉄道名所だ。

●右写真
1 土壁とガラス戸の駅舎、駅名看板も国鉄時代のもの
2 山の水を引いた手水鉢がホームに

■明治42年(1909)12月26日：鹿児島本線として開業時開駅
■昭和2年(1927)：肥薩線に路線名改称

大隅横川《おおすみよこかわ》駅 JR肥薩線／鹿児島県 霧島市

街を見おろす慈父の風格

この駅舎が建てられた明治36年といえばライト兄弟初飛行の年であり、日露戦争勃発の前年。そんな昔から風雪に耐えてきた駅舎は、2駅隣の嘉例川駅と同型である。長年横川町の玄関の役割を果たしてきた駅舎は駅前からやや仰ぎ見る位置にあって、まことに立ち姿がいい。正月には駅頭に門松が飾られ、3月には雛壇が設けられる。まわりの人々の愛を感じさせるこの駅舎にはしかし、第二次世界大戦中に受けた米軍の戦闘機による銃撃の痕もある。大隅横川駅には、若き日の修羅を黙して語らぬ大人の風格を見る。こんな駅を持つ町は、幸せだ。

●右写真

1 ホームの銃撃痕、複数の貫通した孔が見られる

2 駅前の商店にあったトロッコの車輪？

■明治36年（1903）1月15日：横川駅として開業時開駅

■大正9年（1920）：大隅横川に駅名改称

■昭和2年（1927）：肥薩線に路線名改称

嘉《か》例川《れいがわ》駅 JR肥薩線／鹿児島県 霧島市

仙人暮らしの風格、明治の駅舎

嘉例川駅の周囲にはなにもない。なにもない…というのは俗なものがない、という意味である。明治36年にできた駅舎は腰高の母屋にひさしを巡らせた、肥薩線によく見かける駅舎形式である。現在は鹿児島空港となっている広大な「十三塚原」に近い駅で、かつては肥料や作物輸送で活況を呈していた。しかし高度成長期から昭和60年代までは、忘れられたように建っていた。それを地元の老人たちが草を刈り窓をふき、淡々と守ってきた。やがて旅人たちがこの禅味すら感じさせる駅舎を発見した。そぎ落とした気持ちよさ、なにも付け加えてはいけない駅だと思う。

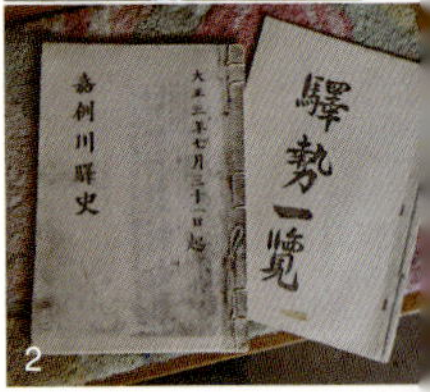

●右写真
1 地元のお年寄りたちが駅を守ってきた
2 駅の歴史を伝える開業以来の「駅史」も残る

■明治36年（1903）1月15日：鹿児島本線の駅として開業、駅舎も竣工
■昭和2年（1927）：肥薩線に路線名改称

モダニズムの駅舎

19世紀、鉄とガラスとコンクリートの出現で、それまでの重厚な建築様式から解き放たれ、軽快で伸びやかな空間表現ができるようになった。モダニズム建築運動の出現だ。はるか極東では、建築雑誌でこれを見た建築家や土地の大工が、全国の鉄道駅でモダニズムを真似た。しかも木とモルタルで。世にも不思議な木造モダニズム駅も現れた。戦後、一大潮流となったこの一派をめぐる旅は楽しい。

愛冠《あいかっぷ》駅 北海道ちほく高原鉄道(廃止)／北海道 足寄町

王冠形も悪くない、廃線のモダン

'70年代には“愛の冠”にちなんで入場券が売れたという。そんな逸話を残す駅は「アイカップ」ということで王冠形に改築された。とはいえ屋根と壁を一体化したデザインは小粋で、エントツが飛び出す姿は可愛らしい。北の耐寒住宅に比較的よく見られるもので、「王冠」の中には断熱材が詰まっている構造と想像できる。駅舎は旧駅の土台の上にあってトイレも内包し、メルヘンに陥らない機能性も有している。駅頭には「愛の泉」が湧き「ウエディングブリッジ」も架かる恋人たちの場所。しかし駅名由来のアイカップピラとはアイヌ語で「矢が届かぬ崖」、片想いの方は注意されたい。

●右写真
1 旧駅舎跡に建つ王冠型駅舎、見事なマツが茂る
2 建物としては不思議な構造の駅舎だ

■昭和21年(1946)9月10日：開業
■昭和52年(1977)ごろ：現駅舎に改築
■平成元年(1989)6月4日：北海道ちほく高原鉄道に転換
■平成18年(2006)4月21日：廃線により廃止

広《ひろ》尾《お》駅 国鉄広尾線（廃止）／北海道 広尾町

北の大地に現れたドライブイン駅

すべて直線、まさに開拓の天地にこそ似合う大胆な駅舎は昭和53年(1978)に誕生した。当時は屋根に塔などはなく、前傾した中央のファサードにはタテ線の幾何学模様の装飾が施されていた。その頃はまだ幾何学的デザインにパワーがあったときで、これがなんともカッコよく見えたから不思議だ。左右に張り出したウイングも大胆、かつては似たようなデザインセンスのドライブインがたくさんあった。民営化を待たずに廃線となった広尾線だが、現在も襟裳岬や様《さま》似《に》方面へのバスのターミナルとして健在。駅舎なんて理詰めに造らなくてもいいのだと納得させてくれた思い出の駅だ。

1

2

●右写真
1 駅の周辺はすっかり公園となっている
2 旧構内のパークゴルフ場に飾られた動輪

■昭和7年(1932)11月5日：開業
■昭和53年(1978)：駅舎改築
■昭和62年(1987)2月2日：廃止につき廃駅

糸魚沢《いといざわ》駅 JR根室本線／北海道 厚岸《あっけし》町

大湿原に建つ、よき時代の木造駅舎

ほとんど北海道でしか見ないのがこの屋根のカタチだ。前後段違いの屋根は積雪を駅前に落とさない知恵だが、単なる小屋に見えないキュートさを醸し出す。他には門静《もんしず》駅(改築)や美瑛《びえい》駅(昭和29年)がこの形式。ちなみに糸魚沢駅は昭和32年改築、まさに北海道のあらゆる産業が活況を呈していた頃の駅舎である。今では駅のまわりに数軒の民家があるだけで、正面には別寒辺牛《べっかんべうし》川流域の大湿原が広がる。霧が出ると英国のハイランド地方のような幻想的な光景に駅舎が浮かぶ。無人化されて久しく、改築されても困る者はいない。絶滅危惧筆頭の駅舎である。

●右写真
1 広大な別寒辺牛湿原に面した駅舎だ
2 ここにも国鉄型の駅名看板が残る

■大正8年(1919)11月25日：開業
■昭和32年(1967)：現駅舎に改築
■昭和59年(1984)：無人化

三沢《みさわ》駅　十和田《とわだ》観光電鉄／青森県 三沢市

観光センターだった異形の駅

この駅舎は意欲作であることは間違いない。電車の発着ホームからJR三沢駅に向かって縦に延びた駅舎はどことなくもっさりとしていて、さながらマッコウクジラが陸に乗り上げたような存在感だ。内部にはそば屋も入居し、小ターミナルの風格を示す。ちなみにここのそばは東北にあってなぜか関西風のツユだ。それはともかく、昭和39年の増築時には「三沢観光センター」と称して2階には食堂や喫茶店が開店し、駅名物のどら焼きが飛ぶように売れたという。今となっては老朽化も否めないが、木造モルタルが心に染みいる個性豊かな駅舎である。

●右写真
1 古びた出札口、ホームまで段差がない通路
2 ここは旧東急の7000系電車が走る

■大正11年(1922)9月4日：十和田鉄道古間木駅として開業
■昭和34年(1959)：駅舎完成
■昭和39年(1964)：「三沢観光センター」増築

七百駅《しちひゃく》 十和田《とわだ》観光電鉄／青森県 六戸町《ろくのへまち》

デザイン暴走、覆面駅舎

1

2

東急からの移籍車が多い十和田観光電鉄。その車庫は七百駅に置かれている。「しちひゃく」とは面白い駅名だが、この駅舎も相当に愉快だ。正面には大きく屋根を壁のように落として覆面をするように玄関を覆い、そこに窓を開けるという大胆なことをミニマムな駅舎で試している。感じとしては未来志向の文化住宅といったところか。子細に見るとホーム側の扉はどこかの駅から持ってきた中古品。簡素で大胆なデザインは北海道ローカル区間の駅舎に共通する。七百駅には旧型電車も置かれ古い変電所があるなど、鉄道ファンが喜ぶ小宇宙が展開。駅舎は七百回来いと呼んでいるようだ。

●右写真
1 七百は十和田観光電鉄の車庫や変電所のある駅だ
2 民家の玄関のような駅舎のホーム側出入口

■大正11年（1922）9月15日：開業
■昭和61年（1986）：車両区が移転設置
■駅舎建築年は不明

岩泉《いわいずみ》駅 JR岩泉線／岩手県 岩泉町

山中の現代駅舎に閑古鳥鳴く

　簀《す》の子のようなファサードに開く丸い穴、その上に掲げられたひらがなの駅名看板。無用に大きく、しかも風化した建物はポップを通り越してシュールの域に。すでに路線全体が“秘境化”する岩泉線にあって、あり余る自然と対峙するにはこのくらい幾何学的なデザインが欲しかったのかもしれない。駅舎2階には地元の観光協会が入居しているが1階待合室はきわめて殺風景。この立派な駅にやってくる列車は1日3回。代替道路未開通のために存在するという、明日をも知れぬ終着駅である。ところでこの撮影後、駅舎は改修されて丸穴が5個に増えた。なんとなく嬉しくなった。

●右写真
1 当初は延伸する計画で、通過線形の駅構造だ
2 なんとも不思議な丸い窓だ

■昭和47年（1972）2月6日：開業

神町駅《じんまち》 JR奥羽本線／山形県 東根市《ひがしねし》

進駐軍が遺した白い要塞駅舎

この「モダニズム編」に再三登場する「戦後派駅」のなかの最大規模の木造建築が神町駅だ。この駅がある東根市は戦後アメリカ軍が進駐した町で、駅舎が建てられた昭和22年には連合軍鉄道運輸司令部事務所(RTO)が内部に置かれた。アルファベットの駅名や玄関以外の謎めいた扉はすべて進駐軍ニーズのもの。野放図な大きさも、往時はこの駅から列車運行の指示が発せられていたと思うと納得できる。進駐軍が去ったのちはその威光を失って、白い要塞のように立ちすくむ日々を過ごした。このまま放置すると消えてしまいそうな東北最大の無人駅である。

1

2

●右写真
1 日本人的センスを逸脱した白い駅舎だ
2 ローマ字の駅名も進駐軍由来のもの

■明治34年(1901)8月23日：開業
■昭和22年(1947)9月：現駅舎に改築
■平成18年(2006)：無人化

土《ど》合《あい》駅 JR上越線／群馬県 みなかみ町

先鋭の駅舎と地下トンネルのコラボ

駅舎デザインを自由に描けた時代があった。おそらくその最後の時期に建てられたのが、この土合駅ではないか。大胆なコンクリートの造形は万博に通じる未来志向で上越国境に屹立する。まさに「人類は進歩する」、この駅舎を見ているとそんな気がする。駅舎内からは上り地上ホームの列車接近を見る確認窓もある。ちなみにそのホームは以前の土砂崩れで駅舎と離れたところに移転した。また下りホームは地下70mのところにあって、462段の罰ゲームのような階段の先にある。利用すると哲学的な気持ちになる。けだし名駅舎といえるだろう。

1

2

●右写真
1 駅舎ホーム側の上り線を望む「展望室」
2 一直線に70m下の下り線ホームに向かうトンネルの階段

■昭和6年（1931）9月1日：信号所として開設
■昭和7年（1932）：スキー時期に臨時駅開設
■昭和11年（1936）12月19日：駅に昇格
■昭和42年（1967）9月：現駅舎竣工

大口《おおぐち》駅 JR横浜線／神奈川県 横浜市

散歩におすすめ、下町の直線駅舎

駅舎に関しては不毛地帯のJR横浜線。そのなかで孤塁を守っているのが、シャープな直線構成が気持ちいい大口駅だ。広い駅前ロータリーに向かって高さを抑えた横長のファサードが空間を引き締め、駅たる存在感を示している。以前は軒の部分に採光窓が並んで正面1階部分の張り出しもなかったという。また東口にも西口駅舎を縮小したような駅があるのも面白い。ともあれ変貌著しい横浜中心部にあって昭和20年代の木造駅舎が残るのは稀有な例だ。駅前からは横浜屈指の大口通り商店街が続き、下町風景も点在。駅の空間に余裕があるため再開発の不安も絶えない。

●右写真
1 都会らしからぬ、シュロの大木が茂る大口駅前
2 東口の駅舎も西口と似たデザインだ

■昭和22年（1947）12月20日：国鉄駅として開業、現駅舎もそのとき建てられた

1

2

湯《ゆ》田《だ》中《なか》駅 長野電鉄長野線／長野県 山ノ内町

山上の終着駅は昭和の装い

いいデザインの駅舎に共通するのは、実際よりも大きく見えることだ。この堂々とした湯田中駅舎もホーム上に建てられた奥行き10mたらずの建物だが、モザイクのようなガラス窓と逆三角形の黒い柱がリズム感と立体感を出している。竣工したのは昭和30年。その頃から人気が出始めた志賀高原の玄関として改築されたもので、それ以来高原リゾート駅の役割を果たしてきた。駅はかなり急峻な台地にあって、急勾配をのぼってきた電車が標高509mのこの駅に到着すると、ホームに「美しの志賀高原」の昭和歌謡が流される。裏手には初代湯田中駅舎も保存されている。

●右写真
1 玄関の黒い柱が昭和モダンの気分
2 元小田急10000形の特急「ゆけむり」と湯田中駅

■昭和2年（1927）4月28日：開業
■昭和30年（1955）：現駅舎に改築

電鉄《でんてつ》黒部《くろべ》駅 富山地方鉄道本線／富山県 黒部市

必見！富山の垂直ステーション

日本最強の玄関ではないか！ そう思わせる強烈な矢印が駅舎にそそり立つ。昭和26年に建てられた駅舎は黒瓦を持つ立派な町役場風だが、設計者はこれに満足せず、ぐーんと上を向いた神殿のような車寄せを設けて新時代を演出した。もともとこの鉄道には普請道楽があってローカル私鉄では珍しいほど名駅舎を抱えているが、それもこれもアルプスに囲まれて家も仏壇もでっかい、富山のお国柄かもしれない。駅は旧黒部鉄道時代に車庫があったなごりで富山地鉄の運行の要《かなめ》となっている。時代の変わり目には突き抜けた建物が出現する、そのモニュメントのような駅舎だ。

●右写真
1 力強い玄関の造形、アルプスを意識したか
2 玄関ホールはまるで聖堂のよう、これでも木造だ

■大正11年（1922）11月5日：黒部鉄道西三日市駅として開業
■昭和18年（1943）：富山地方鉄道に統合
■昭和26年（1951）：現駅舎竣工

東《ひがし》三日《みっか》市《いち》駅 富山地方鉄道本線／富山県 黒部市

鄙《ひな》にはまれな小粋モダン

全国に無味乾燥な駅舎が増えるなかで、改築のヒントにしてほしいのがこの東三日市駅だ。建てられたのは昭和30年代、この駅舎はタイルや漆喰を思いのまま使い、白壁にモルタルを組み合わせた部分に駅名を表示するなど技の多い建築だ。しかも全体に可愛らしさを漂わすセンスは特筆もの。待合室の内周に長いベンチを設け、窓を巡らせて明るい空間を作りだして、まるでよく作りこまれた軽自動車のようだ。こんな駅舎が並ぶ郊外鉄道があったらさぞかし楽しかろうと夢想する。惜しむらくは鉄道会社に駅舎をかまう余裕がなく、やや荒廃気味なのが気にかかるところだ。

●右写真
1 軒先にはクラシックな字体の駅名が
2 小さな駅舎だが内部もデザインされている

■大正11年(1922)11月5日：黒部鉄道の駅として開業
■昭和18年(1943)：富山地方鉄道に統合
■昭和34年(1959)7月：現駅舎に改築

韮山《にらやま》駅 伊豆箱根鉄道駿豆《すんず》線／静岡県 伊豆の国市

鉄道モダニズム駅舎の小さな正当派

幕末、黒船を見た江川太郎左衛門が強力な大砲を作ろうと反射炉を設けたのが、この韮山だった。韮山駅はその反射炉から600mほど西にある白亜の駅だ。駅前に向かって片流れ屋根がせりあがり、ファサードに直線状に窓を並べた駅舎はすっきりとした立ち姿で、乗客を迎える。駅舎は出入り口が2方向にあって、日中は大きく開放する南国的構えだ。ホームは2面2線あって1日平均乗降客数は3000人を超す。大建築でもなく、とんがってもいないが並の駅とちょっと違う。駅舎を語られることの少ない伊豆半島の駿豆線にあって、貴重な建築だと思う。

●右写真
1 玄関は広く開放的、私鉄駅らしく待合室も簡素
2 ホームレベルの壇上に建つ駅舎だ

■明治33年（1900）8月5日：北条駅（現韮山駅）開業
■大正8年（1919）5月1日：韮山駅に改称
■昭和24年（1949）7月1日：現駅舎に改築

岳南《がくなん》江尾《えのお》駅 岳南鉄道／静岡県 富士市

終着駅にお宝、誰も知らないモダン駅

岳南鉄道は、富士南麓の製紙工業地帯に材料や製品を輸送するための鉄道である。このため現在も貨物列車が走る一風変わった私鉄だが、それも途中の岳南富士岡駅までで、終着の岳南江尾駅は旅客だけの駅である。倉庫街の奥にある駅舎は、戦後鉄道の世界で一大勢力を誇った片流れ屋根のスクエアな駅舎建築だった。改札口の両側に部屋を設けて、おしゃれな郊外電車の駅になるはずが、今では近所の年寄りが日なたぼっこをする枯れた駅になった。そんな時間が止まったような岳南江尾駅の頭上を東海道新幹線が疾走する。借景に富士山、いい駅である。

●右写真

1 のんびりとした終着駅、近くを新幹線が通過する

2 元京王井の頭線を走っていた7000形が活躍する

■昭和28年（1953）1月20日：開業

1

2

呼続《よびつぎ》駅 名古屋鉄道名古屋本線／愛知県 名古屋市

下町の駅、ブサイクも愛嬌なり

この変わった駅名は江戸の昔、熱田神宮に下る川船が船出するとき、「船が出るぞ」と呼び続いだのが地名になったとか。ホーム末端にある駅舎は戦後モダン派デザインの末席につらなる片流れ屋根。とにかくシャープで個性的な駅舎だ。建物のサイズにしては正面が大きくアンバランスで、ここは駅であるぞと口を開けて、まさに呼続いでいるかのようだ。駅はすでに無人化されて神宮前駅の管理下にある。現在、駅のある区間は連続立体交差事業が計画され、この愛すべき駅舎の行く末は暗い。壊された次の瞬間から忘れられてしまうような地味で並の出来の駅。こんな駅が最初に消えてゆく。

●右写真
1 片流れ屋根の小さな駅舎、跨線橋のほうが大きい
2 玄関からいきなり改札口という私鉄駅

■大正6年（1917）3月19日：愛知電気鉄道により開業
■昭和10年（1935）：名古屋鉄道の駅となる
■現駅舎建築年は不明

紀《き》伊《い》中《なか》ノ《の》島《しま》駅 JR阪和線／和歌山県 和歌山市

和歌山郊外の幾何学ファサード

カタチでおどろかす、そんなモダニズム建築の本性がもろに出たような建築だ。ファサード全面を格子にして垂直の柱を強調するという、シンボリックで大げさな駅舎は昭和10年に国鉄和歌山線と阪和電気鉄道の交差点に誕生した。当時、阪和電鉄は高性能電車で時速100kmを超す「日本一速い電車」として有名で、非電化で田舎臭い和歌山線とは雲泥の差だった。そんなコンプレックスがあったかなかったか。ともあれ単なる乗り換え駅にしては無用なほど押し出しのいい駅を国鉄は置いた。それから幾星霜、すでに和歌山線は移転し、駅舎は阪和線の高架の横に無人駅としてたたずんでいる。

●右写真
1 外壁のひし形の格子模様がなんとも大胆だ
2 昭和10年に建てられた、設計者は不明だ

■昭和7年（1932）：阪和電鉄中之島として開業、のちに阪和中之島と改称
■昭和10年（1935）1月1日：紀伊中ノ島と改称、駅舎を新築
■昭和19年（1944）：国有化されて国鉄阪和線となる
■昭和49年（1974）：和歌山線田井ノ瀬〜紀和間が廃止、阪和線の駅になる

武《む》庫《こ》川《がわ》駅 阪神電鉄本線／兵庫県 尼崎市

橋上《きょうじょう》駅とは、まさにこの駅のこと

駅名のとおり武庫川の橋の上に設けられた駅だが、川の両側に駅舎を構え、しかもその片側から武庫川支線が発着するという変則的な駅となっている。私が「モダン」と見たのは、その尼崎寄りの下り線駅舎で、まるごと橋の上にありながら温室のようにガラス窓を配して機能と美を両立させている。しかも真下の空間では昼間からオヤジたちがマージャンに興じ、高級住宅街と阪神工業地帯の中間を走る阪神電鉄の立ち位置も見えてくる。また川をまたぐホームと改札外の自由通路も並行して橋を渡り、境界が金網だけという面白い駅でもある。初夏、涼むにはいい駅だ。

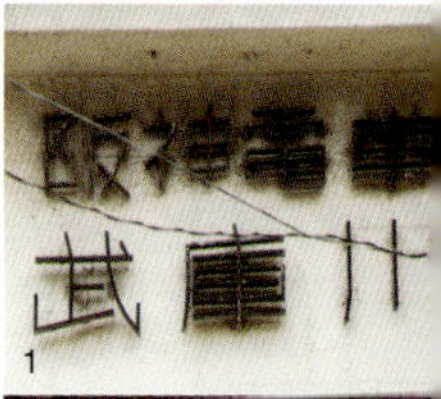

●右写真
1 昭和30年代らしい字体の駅名表示
2 手前は橋の上のホーム、奥は遊歩橋の通行人

■明治38年（1905）4月12日：開業
■尼崎側橋上駅舎の建築年は不明

出雲《いずも》大社前《たいしゃまえ》駅 一畑《いちばた》電車大社《たいしゃ》線／島根県 出雲市

出雲路の傑作駅は神前のモスク

異形の駅である。コンクリートのドーム構造（交差ヴォールドという）は中近東風の情緒を漂わせ、壁にあるステンドグラスを通して七色の光が内部を照らすところはカトリックの教会のよう。大正13年に完成した国鉄大社駅がとびきりの和風建築だったので、後発の一畑電鉄（当時）はエキゾチック路線で対抗したのだと思われる。建築の際には神主を招いて地鎮祭を行なったであろう駅舎は、とびきりの異国情緒の駅に。ま、出雲の神々は気にしないと思うけど。構内にはいっさい階段はない生来のバリアフリー。縁結びの大神宮の玄関に建つアジア・ヨーロッパ連合の駅舎に乾杯したい。

●右写真
1 かつての出札口、窓口の幾何学模様が斬新だ
2 古色蒼然とした駅事務室、内部にもアーチの壁が

■昭和5年（1930）2月2日：大社神門駅として開業、駅舎は開業時のもの
■昭和45年（1970）：出雲大社前駅に改称

1

2

屋《や》島《しま》山上《さんじょう》駅 屋島登山鉄道（廃止）／香川県 高松市

レトロな未来駅、讃岐のマッド建築

1

2

「形は機能に従う」というのが合理主義的建築なら、「機能に夢を重ねた」というべき建物が源平合戦で有名な屋島の山上に残る。コンクリートの駅舎には宇宙と交信するようなアンテナ(?)が立ち、二つとして同型窓がないダダイズム的な装飾がなんとも愉快。そんな分解しそうな造形を絶妙なバランスで組み合わせた建物だ。すでに廃止後数年を経ているものの、往時はテラスでダンスパーティーも催されたという洒落っ気も失ってはいない。今では屋島山上の観光ルートからははずれ、近づく人もほとんどいないケーブルカー駅舎だが、ひとり絶壁に建って宇宙と交信を続けている。

●右写真
1 廃止後もポップな駅名看板が残る
2 ホームにはケーブルカーも残る

■昭和4年（1929）4月21日：開業
■昭和19年（1944）：不急不要線として休止
■昭和25年（1950）：営業再開
■平成16年（2004）10月16日：営業休止、のち廃止

崎山《さきやま》駅 平成筑豊鉄道田川線／福岡県 みやこ町

スカッと老いた筑豊のモダンボーイ

北九州にときおり見かける戦後派木造モダニズム駅舎の残党。板は垂直、窓は大きく、「和」の要素を振り払った新時代の建物にはちょっとバタくさい自由の香りがする。崎山駅は昭和31年の開設、石炭輸送のための信号所だったが住民の請願で駅に昇格した。それ以前は「隣の犀川《さいがわ》駅まで歩いたので下駄の鼻緒がよく切れた」と列車待ちの婆さんに聞いた。駅は無人化され傷《いた》みも相当なものだが、付帯する職員用の風呂場小屋なども含めて、細かなところまでデザインされているのは見事。ぱっと現れて、さっと消えてゆく九州モダン派の、気持ちのいいひと駅だ。

●右写真
1 駅舎と信号施設が同居する無人駅
2 宿直の駅職員用の風呂場もしっかりと残っていた

■昭和29年(1954)4月20日：信号所開設
■昭和31年(1956)8月11日：駅として開業
■平成元年(1989)：平成筑豊鉄道に転換

都農《つの》駅 JR日豊本線／宮崎県 都濃町

ウニ屋の前の九州モダン

「上向き矢印駅舎」の東の横綱が電鉄黒部駅なら、西の横綱はこの都農駅だ。こちらは駅舎そのものが「矢印」のカタチで青空を突き上げている。当然のことながら待合室の天井は高く、開放的な空間を日向灘《ひゅうがなだ》の風が心地よく吹き抜けてゆく。このような垂直線を強調する駅舎は戦後に九州で大流行し、改築前の西鹿児島駅(現鹿児島中央駅)などはその代表格だった。都農駅は駅前にウニ問屋があるだけのローカル駅だが、その分、木造モダニズム駅舎を堪能できるだろう。ちなみにこの駅舎は電鉄黒部駅舎と同年の昭和26年竣工。上を向いて歩いた、団塊世代の駅である。

●右写真
1 タテヨコの線が強調されるファサード(正面)
2 ローカル駅とは思えない教会のような待合室

■大正6年(1917)6月11日：開業
■昭和26年(1951)3月：現駅舎に改築

1

2

神社仏閣駅舎

神社仏閣風の駅舎建築は大正から昭和初期に集中して建てられた。そのピークは紀元二千六百年祭があった昭和15年頃。世界の一流国家に並んだ自信が日本国民に「和」を目覚めさせ、また、国家的な熱気と汽車旅行の一般化が重なって大量の人たちが神社へと向かい、日本の鉄道風景を変えた。やがて敗戦を迎え、これが一転して戦後派モダニズム駅舎に変わっていく。

伊《だ》達《て》駅 JR東北本線／福島県 伊達市

福島盆地に隠棲《いんせい》する武家屋敷駅舎

みごとな入母屋造《いりもやづく》りの屋根である。入母屋とは上部が切妻《きりづま》で、下が寄せ棟の形式で、寺などではごく普通のスタイルだが、これは西洋建築ではほとんど見られないアジア独特のものだという。伊達駅ではさらに側面を格子で飾り、壁には霧よけ(小ひさし)を巡らせて玉石の土台にのせ、均整のとれたすばらしい駅舎となった。そんな名駅舎が東北新幹線の高架下に建っている。かつてこの駅は飯坂温泉に福島交通の電車が連絡していた観光駅だった。竣工は皇紀二千六百年の前年(昭和14年)、戦後はほとんど建てられなくなった和風駅舎の傑作だ。

●右写真
1 立派すぎる駅舎に遠慮して、自販機も脇に
2 待合室も寺のような格子天井だ

■明治28年(1995)4月1日：日本鉄道長岡駅として開業
■明治39年(1906)：日本鉄道国有化
■大正3年(1914)：伊達に改称
■昭和14年(1939)：現駅舎竣工

山寺駅《やまでら》 JR仙山《せんざん》線／山形県 山形市

東北屈指の和風駅、峠の宮造り

かつて、神社仏閣の玄関口に宮造りの駅が無邪気に建てられた。それは駅という建物様式が確立できないまま全国に鉄道建設が進展したからだろう（英国の古い駅はどこもビクトリア調）。しかしコピーならお任せなのが日本人だ。仙台と山形を結ぶ仙山線が名刹《めいさつ》・宝珠山立石寺《ほうじゅさんりっしゃくじ》に至ったとき迷わず寺院形駅舎を置いた。それも“玄関だけ和風”ではなく、駅舎本屋の屋根や壁も寺院形の本格派で、いわば土足で入れる本堂のような完成度である。そんなせっかくの駅舎も近年、待合室に囲炉裏《いろり》を置いたので、以前の凛とした雰囲気がなくなったのは惜しい。

●右写真
1 ホームに上る通路に絵が描かれていた
2 駅舎の棟（手前）と、奥の立石寺のある山

■昭和8年（1933）10月17日：開業、駅舎竣工

御嶽《みたけ》駅 JR青梅《おうめ》線／東京都 青梅市

奥多摩渓谷に現れた数寄屋《すきや》の神社

青梅線を代表する和風駅舎である。べつに多摩代表でも東京代表でもいいのだが、いい駅が多い青梅線の和風部門の名駅舎として拍手を送りたい。とにかく御嶽神社の参詣《さんけい》駅として細工の効いた建物で、寄せ木のような屋根まわりや、玉石を積んだ腰壁、黒石をちりばめた床面など、茶室を思わせる凝りようだ。完成は昭和４年、青梅鉄道の経営に乗り出したセメント王、浅野総一郎が御嶽神社参詣のために二俣尾からここまで延伸させたときに建てられた。改札口に掲げられた大きな駅名看板はアジア主義の巨頭、頭山満《とうやまみつる》によるもの。一筋縄ではいかない駅舎である。

●右写真

1 改札奥に頭山満揮毫の駅名看板がかかる

2 駅舎は高架ホームに寄り添うように建っている

■昭和４年（1929）９月１日：青梅電気鉄道の駅として開業、駅舎新築

■昭和19年（1944）：国有化で国鉄青梅線となる

高《たか》尾《お》駅 JR中央本線／東京都 八王子市

大正天皇を弔った駅舎の絶滅危惧

この駅舎は正確にはJR高尾駅北口駅舎という。宮造りの破風《はふ》に車寄せの破風を重ねた押し出しのいい和風駅舎は、もともと大正天皇の大葬の際に新宿御苑に宮廷仮設駅舎として建てられたもので、ここから柩《ひつぎ》を乗せた列車が発車した。昭和２年に大正天皇多摩陵もより駅の高尾に移築され、以来80年以上も天皇陵に侍《じ》するかのように駅頭を守ってきた。現在、駅周辺の発展に伴って駅そのものが南北通行の妨げになっていることから、八王子市は駅舎を撤去して橋上駅化する計画を持っている。そこに旧駅舎保存活用のプランはなく、存亡の危機に瀕している和風駅舎だ。

●右写真
1 改札ホールまでも本格派の重厚な宮造り
2 大正天皇の柩を送り出した由緒ある駅舎だ

■明治34年（1901）8月1日：浅川駅として開業
■昭和2年（1927）：高尾駅に移築

江《え》ノ島《しま》エスカー駅 ／神奈川県 藤沢市

エスカレーターの有人駅舎を見よ

切符売り場があり改札口がある。これを駅舎といわずしてなんと呼ぶか。ただし人を運ぶのはエスカレーターだけど。ともあれこの江ノ島の有料エスカレーターにはあっぱれな神社風駅舎が設けられているのだ。エスカレーターは都合４基あって、１・２段目と３段目・４段目にそれぞれ神社形駅を設けている。いずれも建物はコンクリート造りで江ノ島弁財天にちなんだもの。設置したのは江ノ電で景観上、地下トンネル方式となり約５分で標高差46mを登る。昭和34年の開業時は「江ノ島エスカーの歌」も作られTVコマーシャルも放映された。しかし駅名は１区、２区、３区と味気ない。

●右写真
1 １段目のエスカー乗り場、立派な和風駅である
2 乗り継ぎの２段目の駅舎もこのとおり

■昭和34年（1959）7月23日：開業

弥《や》彦《ひこ》駅 JR弥彦線／新潟県 新潟市

幸せを呼ぶ越後平野のド派手駅

1

2

　日本の駅舎のなかで最も「紅い」のはこの弥彦駅ではなかろうか。晴れた日に駅頭に立つと、誰もが赤ら顔になってしまうほど色とカタチのすごい駅舎なのだ。竣工は大正５年、当時の越後鉄道が年間予想収入の３倍のカネを投じてどーんと建てたという。神社風といっても背景にあるものは後年の国家主義とかいった肩の凝るものではなく、一種バブリーな出来心がかいま見えて人々を幸せにする。実際この建築後90年を経た駅舎を背景に記念撮影をする観光バスもあるらしい。しかも春は桜、秋は紅葉の名所である。さすが田中角栄元首相の地元、カネはこうして使うのだ。

●右写真
1 駅前から弥彦神社への参道が延びる
2 あちこちに朱色を使って目出度い雰囲気

■大正５年（1916）10月16日：越後鉄道開通時開駅、現駅舎竣工
■昭和２年（1927）：国有化

岩峅《いわくら》寺《じ》駅 富山地方鉄道立山線／富山県 立山町

富山地鉄駅舎群の代表

木造モルタルの堂々たる体躯、漆黒の瓦屋根に見事な鬼瓦を載せた姿は、駅舎というより明治時代の警察署のように威張る。ここは大正時代に立山鉄道と富山県営鉄道が合流したところで、現在も立山線、上滝線の2線が接続している。駅舎は立山線に沿って建ち、電気設備の一部が内部に置かれている。立山がご神体の雄山神社の参詣駅でもあり、また当時は常願寺川の発電所建設が盛んだった頃で立派な駅舎が奢られたのだろう。2線がV字に接続する構内はすでに博物館のよう。映画のロケもよく行なわれるという。玄関の屋根にはウサギとカメをあしらった瓦が載る。

●右写真
1 軒先のカメの瓦、反対側にはウサギの瓦も
2 まるで道場のような風格、北陸の名駅舎だ

■大正10年（1921）3月19日：立山鉄道立山駅として開業、同年8月20日には富山県営鉄道岩峅寺駅が開業。駅舎もこの時期のもの
■昭和11年（1936）：立山線が岩峅寺駅に乗り入れ
■昭和18年（1943）：富山地方鉄道に統合

加《か》賀《が》一《いち》の宮《みや》駅(廃止) 北陸鉄道石川線／石川県 白山市《はくさんし》

列車が絶えた堂々の唐破風《からはふ》

攘夷！ 建物全体でそう言っているような駅舎である。寺社風駅舎を巡ると、多くが昭和10年前後に建てられていることがわかる。当時は日本中が皇紀二千六百年祭に向けて盛りあがっていた時代、全国の神社の門前駅はどんどん宮造り駅に改築されていった。白山比咩《しらやまひめ》神社もよりの加賀一の宮駅もその奉祝ムードのなかで昭和15年に改築。唐破風と呼ばれる重厚な玄関に白壁と黒柱の超和風スタイルで建設された。残念ながら平成21年にこの鶴来《つるぎ》～加賀一の宮間が廃止され、駅舎は役割を終えた。ともあれ、その存在感は全国屈指、保存活用を期待したい名駅舎だ。

●右写真
1 09年秋に電車はここまでの運行を取りやめた
2 側面から見た駅舎、傾斜地のため片方は二階建て

■昭和2年(1927)6月12日：金名鉄道神社前駅として開業
■昭和4年(1929)：金沢電気軌道に譲渡
■昭和15年(1940)：現駅舎に改築
■平成21年(2009)11月1日：廃線により廃駅

三《み》河《かわ》一宮《いちのみや》駅 JR飯田線／愛知県 豊川市

神社ブームに乗って、お社《やしろ》形玄関に

かつては、駅舎をドレスアップする手段としてひさしの一部に手を加える方法があった。つまり駅舎本屋はそのままに玄関部分にシンボリックなファサードを加えることで「和」にも「洋」にもなるのである。飯田線の前身の豊川鉄道は神社参拝が国家的な行事になっていた昭和13年に、この方法で三河国一宮《みかわのくにいちのみや》の砥《と》鹿《が》神社もよりの三河一宮駅を和風に改築した。ちなみに豊川鉄道は沿線に遊園地を設けたり、豊川駅を駅ビルにするなど積極的な経営が光った鉄道でもあった。平成2年に原型を残してリニューアルされた駅舎は建築時のバランスのいい和風駅の姿を取り戻している。

1

2

●右写真
1 端正な玄関、とても駅舎とは思えない構えだ
2 業務委託駅で豊川駅の管理下にある駅だ

■明治30年（1897）7月22日：豊川鉄道一ノ宮として開業
■昭和13年（1938）：現駅舎に改築
■昭和18年（1943）：国有化
■平成2年（1990）：駅舎を補修して現在の姿に

那《な》智《ち》駅 JR紀勢本線／和歌山県 那智勝浦町

旅路の果ての、渚の神社駅

名古屋からは４時間以上、天王寺からも約４時間かかる。時間距離でいえば、ほぼ紀伊半島最奥にある那智駅は朱塗りに白壁、そして黒瓦の神社風だ。那智の滝や那智大社の駅として建てられた一部コンクリート造りの立派な観光駅で、東京からの寝台特急「紀伊」が停車していた時代もあった。海水浴場が隣接するほど海に近く、しかも台風被害を繰り返した土地だけに「頑丈さ」をポイントに建てられたのだろう。巨大な紀伊半島の駅はこのくらい大きいのが似合う。すでに無人化されて久しく観光客も少ない。マイナーリーグで黙々と投げる往年の大投手、そんな感じの駅だ。

●右写真
1 額入りで縦書きの駅名看板が珍しい
2 多人数の乗降客を想定した長いホームがある駅だ

■大正元年（1912）12月4日：新宮鉄道開業時開駅
■昭和９年（1934）：国有化、紀勢中線となる
■昭和11年（1936）12月：現駅舎に改築
■昭和34年（1959）：紀勢本線となる

稲荷《いなり》駅 JR奈良線／京都府 京都市

門前の和風駅舎、厚化粧で年齢不詳

稲荷駅は全国稲荷神社の総本宮、伏見稲荷大社の門前駅。竹田街道の狭い通りに面した駅舎は、朱色の柱を建てるなど神社前らしいデコレーションをほどこしている。細かく見るとひさしの腕木《うでぎ》などに宮造りらしい造作もあって和風に見えなくもないが、西洋人のオバサンがキモノを着たような中途半端さがなんとも面白い。きれいにリニューアルされているが、駅舎は昭和10年建築というから齢75の大姉御である。この駅はかつての東海道本線で、構内には準鉄道記念物の国鉄最古のランプ小屋がある由緒正しい駅なのだ。京都から稲荷駅までは140円、ぜひお訪ねを。

●右写真
1 ホームよりかなり下がった位置にある改札口
2 旧東海道線時代から残るレンガ造りのランプ小屋

■明治12年(1879)8月18日：東海道本線の駅として開業
■大正10年(1921)：路線変更により奈良線所属となる
■昭和10年(1935)：現駅舎竣工

鞍《くら》馬《ま》駅 叡山電鉄鞍馬線／京都府 京都市

意外に少ない、京都の和風駅舎

いつも思うのだが、千年の古都・京都には和風駅舎が少ない。まあ古都といっても百万都市、駅までもが侘びたり寂びたりしてる暇はないんだろうけど。それでも出《で》町《まち》柳《やなぎ》から叡山電鉄に乗って終点まで行くと、ようやく本格和風駅舎の鞍馬駅が現れる。ここは天狗で有名な鞍馬寺の門前駅で、二重入《いり》母《も》屋《や》造りの苔むした屋根が見事な数寄屋風駅舎だ。とはいっても本堂と勝負するような趣味はなく、控えめな寺務所といった構えで好感が持てる。数寄屋は出しゃばらないのが身上だ。竣工は昭和4年。緑濃き駅舎はよく手入れされ、駅頭に紅梅が茂り、秋には紅葉に染まる。

●右写真
1 門前駅らしく、すばらしい完成度の宮造りだ
2 和風駅舎にふさわしい、まな板のような駅名看板

■昭和4年（1929）：鞍馬電気鉄道鞍馬駅舎竣工
■昭和17年（1942）：京福電気鉄道と合併
■昭和61年（1986）：社名を叡山電鉄と改称

御室《おむろ》仁和寺《にんなじ》駅 京福電気鉄道北野線／京都府 京都市

古都の路面電車は駅舎も違う

京福電鉄北野線は軌道線である。つまり路面電車なので御室仁和寺は駅というより電停ということになる。しかしホーム出入り口がおもわず「駅」と呼びたくなる寺院形式なのだ。つまりここにあるのは門だけで、駅舎たる建物はなく、いわば撮影所のセットのような壁だけの建造物になっている。逆に言えば駅なんてこれでいいのだ。周囲はしっとりとした住宅街。電車を待っていると香《こう》の香りがふと漂ったりもする、さすが京都だ。電停にしては貫禄ありすぎの駅舎を出ると、正面には数百倍貫禄がある仁和寺の二王門がどかんと立つ。ちなみに、仁和寺は世界遺産である。

●右写真
1 ほとんど壁だけの電停だが古都らしい雰囲気だ
2 古い駅名看板がそのまま使われている

■大正14年(1925)11月3日：京都電燈御室駅として開業
■昭和17年(1942)：京福電気鉄道となる
■平成19年(2007)：御室仁和寺に改称

水《みず》間《ま》観音《かんのん》駅 水間鉄道／大阪府 貝塚市

三重塔門前の二重塔の駅

鉄道の駅が都会や世界への玄関なら、お寺はあの世の玄関なのかもしれない。“旅に出る”ことを浪漫的にとらえると駅舎に仏塔を建ててもさしたる違和感はない。天平年間創建の古刹、水間寺への参詣鉄道の終点駅には二重塔が建ち、その股間から水間観音に向かうルートができている。駅舎は水間寺三重の塔を二重にしたデザインだが、左右に半円の建物を従えた宝《ほう》形《ぎょう》造《づく》りに九輪の塔が立つ。ただし鉄骨コンクリートに中国文字のような駅名看板がどことなくマンガ的だ。それでも窓の造形が面白い。ツッコミどころの多い駅舎だが大正時代の作なので座布団一枚。

●右写真
1 終着の車止めの先にコンクリートの二重塔が
2 南海の系列だが、東急の中古電車を使用する

■大正15年（1926）1月30日：開業時に水間として開駅
■平成21年（2009）：水間観音に改称

出雲《いずも》横《よこ》田《た》駅 JR木次《きすき》線／島根県 奥出雲町

駅舎の範囲を超えた建築の工芸品

宮造り駅の最高峰に位置するのがこの駅舎だろう。かつて建築を担当した米子の鉄道事務所は担当者を二見浦駅（参宮線の和風駅だった）に派遣して図面を引いたという話が残るほどで、デザインや造りに一部の隙もない。素晴らしいのが、がっちり組まれた校倉《あぜくら》風の壁面で、ここは雲州そろばんの産地で、硬くていい木はふんだんにあったのだろう。駅舎はスサノオに助けられたクシナダヒメを祀る稲田神社にちなんだもの。ちなみにこの稲田神社は地元出身の石炭王、小林徳一郎が町はずれに建立したものだ。この駅舎と石炭王も、なんらかの関係があったのかもしれない。

●右写真
1 本格派宮造りの駅舎は全国屈指の出来、必見だ
2 隣のトイレまで校倉造りという凝りよう

■昭和９年（1934）11月20日：開業と同時に駅舎も竣工

彦山《ひこさん》駅 JR日田《ひた》彦山《ひこさん》線／福岡県 添田《そえだ》町《まち》

戦後史を秘めた霊山の紅い屋根

北九州の霊山、英彦山《ひこさん》の登山口にある朱柱、朱屋根の大型駅舎だ。一見すると2階建てに見えるが、すべて平屋で、以前の鉄道駅の立派さを体験できる。昭和55年に無人化され、一時は陶芸家が駅舎を利用していたが現在はふたたび無人。駅前は広い空間になっているが、かつてここは悲劇の現場となった歴史がある。昭和20年11月15日、未開通だった駅南方の二又トンネルに格納されていた旧日本軍の弾薬が米軍のずさんな処理で大爆発し、この場所で数十人が犠牲になった（住民も含めると死者142名）。彦山駅も中破、駅舎にはその傷跡が今も残っている。

●右写真
1 朱塗りの柱が映える、かなり大型の無人駅だ
2 玄関も神社風、多数の乗降客を迎える構造だ

■昭和17年（1942）8月25日：田川線の駅として開業、駅舎も開業時竣工
■昭和35年（1960）：日田彦山線の駅となる

宮地《みやじ》駅 JR豊肥《ほうひ》本線／熊本県 阿蘇市

国難の時代に現れた参拝駅舎の大屋根

印象的な大屋根だ。これは大和棟《やまとむね》という奈良飛鳥地方の民家様式をモチーフにして建てられた駅舎となっている。本来の大和棟は瓦屋根に茅葺《かやぶ》きの切り妻を組み合わせるが、宮地駅では茅葺きのかわりに金属葺きの屋根を載せている。ここも阿蘇神社のもより駅として昭和18年(1943)に改築された神社参拝駅舎で、玉石の礎石や丸太を多用した広くモダンな待合室など、大戦中にもかかわらず相当に贅沢な造りになっている。その頃は神様の駅は別枠で建設されたようだ。ちなみにガイドブック等で"阿蘇神社を模した"とされているが、神社本殿とは全く似ていない。

●右写真
1 急角度の切妻屋根が大和棟の特徴だ
2 駅名の大額に注連縄という組み合わせが妙に似合う

■大正7年(1918)11月25日：宮地軽便鉄道の駅として開業
■昭和3年(1928)：国鉄豊肥本線の駅となる
■昭和18年(1943)11月：現駅舎に改築

王道の洋館駅舎

維新が成って、明治が到来しても変わったのは支配体制だけだった。人々の暮らしや風景はつまるところ江戸時代のまま。そこに驚きをもって登場したのが鉄道だった。煙を噴いて陸蒸気が走り、各駅にはハイカラな洋館が建てられた。日本人は洋館駅を見て新時代を実感したのだった。以来、駅舎は洋館、これが常識となって世の中が変わっていった。

大湊《おおみなと》駅 JR大湊線／青森県 むつ市

いかつい駅舎、海峡をにらむ

　津軽海峡を守る海軍大湊基地を控えた駅として誕生した。そんな視線で見るとどこか緊張感をはらむ構えで、真正面に3つ並んだ小窓がトーチカのように感じられるのは私だけか。そうは言っても今はのんびりとした終着駅で、広い構内にあった引き込み線は草に覆われている。駅舎には「本州最北の終着駅」と書かれているが、ひとつ手前の下北駅のほうが僅かに北に位置する。いろいろツッコミたくなる駅だが、旅路の果ての終着駅がこんな駅だったら悪くない。海上自衛隊大湊基地は駅から3km先。地元むつ市は原子力関連で懐が暖かいだけに、かえって行く末が心配な駅舎である。

●右写真
1 複雑な屋根まわりの終着駅、駅前は広い
2 構内の車止めと駅舎、周囲はすっかり空き地に

■大正10年（1921）9月25日：大湊軽便鉄道として開業、同年駅舎竣工
■大正11年（1922）：国有化して大湊線に改称

芦《あし》野《の》公園《こうえん》駅 津軽鉄道／青森県 五所川原市

津軽鉄道創業の頃の記憶

　津軽鉄道の桜の名所、芦野公園の旧駅舎である。松林に囲まれた木造の小粋な停車場は昭和50年まで使われ、以後は喫茶店となっていたが近年閉店となり駅舎は放置されていた。これを心配した地元NPOが借り受け手作りでカフェを開店、旧駅舎保存の好例となった。建物の裏には当然ながらホームがあり、太宰治が小説『津軽』で書いた芦野公園駅のかつての風景を今に残している。小マンサードをあしらったデザインは東北では珍しく、ほかには山陰本線人丸駅などに見られる希少派駅舎。カフェ内では乗車券も販売。現役の芦野公園駅は無人駅として隣接する。

●右写真
1 玄関に裸電球が点灯、今はカフェが営業する
2 ストーブ列車を見送る、左が旧芦野公園駅舎

■昭和5年（1930）10月4日：開業時開駅
■昭和50年（1975）：隣接した新駅舎に移転

白河《しらかわ》駅 JR東北本線／福島県 白河市

三角屋根駅舎の日本代表

ここは駅であるぞ、と満天下に知らしめるようなスケールを感じる木造駅舎だ。入母屋に大きな二等辺三角形を配しながら、単調になりがちな壁面を幾何学模様と大時計で引き締めている。この名駅舎が生き残ったのはひとえに東北新幹線が、この駅舎とは離れた場所に新白河駅を置いたからだった。改築は免れたものの白河市の玄関の地位を奪われた駅舎は、しばらくは荒れ果てた状態だった。しかし近年は見直されて平成21年秋には待合室に「えきかふぇ」も誕生した。ちなみにその場所は以前柏養軒の食堂があった場所だ。大正生まれでも、綺麗にすればお洒落になるのだ。

●右写真
1 駅舎とホームの間の中庭に大木が茂る
2 わかりやすい三角屋根が城下町のシンボルに

■明治20年（1887）7月16日：日本鉄道として開業
■明治39年（1906）：国有化
■大正9年（1920）：白坂～白河間路線変更により駅移転、現駅舎竣工

新栃木《しんとちぎ》駅 東武鉄道日光線・宇都宮線／栃木県 栃木市

立派でも小ぶり、開業時の残党

日光線と宇都宮線が分岐する東武鉄道としてはそれなりに重要な駅に、端正な三角形のファサードを掲げた駅舎が残る。とはいえ開業時の写真とくらべるとホームに並行して増築を重ね、屋根以外は原型をとどめていない。見た目よりは痩せた建物で奥行きは10mそこそこ、さすがに手狭になってしまったのだろう。かつて近隣に楡木《にれぎ》、樅山《もみやま》、北鹿沼、合戦場《かっせんば》と素晴らしい木造駅を並べていたが、最近になって一気に簡便な小駅舎に建て替えられてしまった。この新栃木駅の三角屋根も、やはり三角ファサードの新鹿沼駅もともに予断を許さない。東武鉄道の古い駅舎に対する想いは、かなり薄いと思う。

1

2

●右写真
1 十字にクロスする切妻屋根はホーム側にも
2 東武日光線と宇都宮線が分岐する重要駅だ

■昭和4年（1929）4月1日：開業時開駅、開業時新築

養《よう》老《ろう》渓《けい》谷《こく》駅 小《こ》湊《みなと》鉄道／千葉県 市原市

房総山中で見つけた、駅の原風景

1

2

　里山にかこまれたキュートな小駅舎である。建物はいかにも小私鉄らしいシンプルなものだが、三角形のファサードがささやかながら観光地のムードをつくりだしている。駅舎は小さいが小湊鉄道にとっては重要駅で、終着の上総中里駅に向かって最後の有人駅でもある。また駅名になっている養老渓谷にはバスで連絡する。春先になると駅の周囲に色とりどりの花が咲き、そのなかに三角屋根が浮かんで、まるで極楽浄土のような情景になる。おびただしい数のゴルフ場に蹂躙されている市原市にあって奇跡のような駅風景だが、駅頭に行政が建てた公衆トイレだけが無粋だ。

●右写真
1 オーソドックスな国鉄形の駅名看板が懐かしい
2 小湊鉄道は今もキハ20系の気動車を多数使う

■昭和3年（1928）5月16日：朝生原駅として開業
■昭和29年（1954）：養老渓谷に駅名改称

久《く》里《り》浜《はま》駅 JR横須賀線／神奈川県 横須賀市

駅そのものが戦争遺産

昭和19年、本土決戦が目前に迫ると横須賀軍港をひかえた三浦半島全域が要塞地帯となり、各所に砲台やトーチカが建設された。軍需輸送のため横須賀線が急遽この久里浜駅まで延伸し、多数の兵員が送り込まれた。このため久里浜駅は装飾を廃したシンプルな木造大型駅舎になっている。いわば戦時形ともいえる駅舎は、同時に開業した隣の衣笠駅にも見られ、横須賀線末端に老いた恐竜のように存在している。今となっては不用な空間が目立つ駅施設だが、京急久里浜駅とくらべると牧歌的なまでの余裕を見せる。これからJRと地元がこの駅を活かすか殺すか、見ものである。

●右写真
1 遠く、上総一ノ宮行きの電車が発車していく
2 天井が高い改札室内、旧軍由来の駅舎だ

■昭和19年(1944)4月1日：開業時開駅、駅舎も竣工

大磯《おおいそ》駅 JR東海道本線／神奈川県 大磯町

大屋根の駅は湘南の歴史

大磯駅は東京駅から数えて初めて現れる木造駅舎である。海辺のイメージが濃い大磯だが、駅は宿場町だった旧東海道を避けて山を切り開いて設けられた。このため意外なほど緑濃い駅になっている。昭和30年代までは政財界の要人が屋敷を構えた土地だけに、かつては駅長室が応接室がわりに使われたという。また大磯に住む文人たちの運動で、今も構内には野立看板がない。そんな歴史を重ねて品格を帯びた駅になっている。しかし名駅舎にもかかわらず地元行政が橋上駅化を望んで大論争になったこともあった。古さを「遅れ」と見る人はこの町にもまだ多い。

●右写真
1 洋館の木造駅舎が大磯の町によく似合う
2 印象的な三角ファサードは大正生まれ

■明治20年（1887）7月11日：開通時開駅
■大正14年（1925）：現駅舎竣工

大雄山《だいゆうざん》駅　伊豆箱根鉄道大雄山線／神奈川県 南足柄市《みなみあしがらし》

埋もれなかったビル街の洋館駅

　突然だが「突然、嵐のように」という日本映画があった（1977年・山根成之監督）。秋吉久美子と郷ひろみの青春映画だったが、その切ないラストシーンがこの大雄山駅だった。それから三十数年、終着駅である三角屋根のこの駅は驚くほど変わらないが、周囲はびっくりするほど変貌した。スーパーや駐車場が林立するどこにでもあるビル街になっているのだ。鉄道施設だけが取り残されたような一断面は現代を象徴するような風景だが、木造駅舎は存在感で負けていなかった。しかも待合所や売店、駅事務室も昔のままでローカル私鉄の風情も味わえる。三角屋根は強かった。

1

2

●右写真
1 端正な終着駅は木造平屋、ここは南足柄市だ
2 のんびりとした空気が漂う終着駅

■大正14年（1925）10月15日：大雄山鉄道として開業、駅舎もこの時期に建設
■昭和16年（1941）：駿豆鉄道に吸収され伊豆箱根鉄道大雄山線になる

別所温泉《べっしょおんせん》駅 上田電鉄別所線／長野県 上田市

山の温泉駅舎は大正生まれ

おそらく、大正の開業時に建てられた洋館建築の駅舎である。玄関正面に社章を掲げ、壁にはローマ字で駅名を表示し、さらには棟のトップにも羽を生やした社章をのせた顕示欲の強い建物だ。それでも全体に可愛らしさが漂うのは、こぢんまりとしたサイズゆえか。温泉街から見ると、坂の下にある電車の始発駅で、出迎えるにせよ見送るにせよ駅前がそのままホームに面していてまことに具合がいい。ほぼ同型の駅舎が別所線の中塩田《なかしおだ》駅(無人)にあって、上田電鉄の印象を豊かにしている。近年、この終着駅にははかま姿の女性駅員も配置され、少しだけ華やかになった。

●右写真
1 はかま姿の女性駅員さんが出迎える
2 駅舎の玄関横に延びるホームとその屋根

■大正10年(1921)：上田温泉電気軌道の別所駅として開業、駅舎竣工
■昭和5年(1930)1月19日：別所温泉に駅名改称
■平成17年(2005)：上田電鉄に改称

東《ひがし》花《はな》輪《わ》駅 JR身延《みのぶ》線／山梨県 中央市

工場街の素顔のモダンガール

身延線のローカル区間にありながら今も駅裏で大工場が操業し、多くの側線を持つ忙しそうな駅である。駅舎は寄せ棟の大屋根に三角形のファサードを設け、四方にドーマー窓を設けた洋館スタイルで、どことなくハイカラな雰囲気を帯びている。とはいえ玄関の外には売店を増築し（今は閉まっている）、屋根はチープなコンクリート瓦で、壁は新建材で覆われるなど、せっかくの美形も台無しになっている。そんな、働き詰めで格好にかまっていられない風情がなんともいとおしい。できるならば、若き日の姿をよみがえらせてあげたい甲府盆地の洋館駅舎だ。

●右写真
1 赤瓦の屋根が印象的、珍しいドーマー窓もある
2 寄棟屋根の赤いセメント瓦が簡素な印象を醸す

■昭和3年（1928）3月30日：富士身延鉄道として開業時開駅、駅舎も開業以来のもの
■昭和13年（1938）：国有化され身延線となる

伊《い》那《な》八幡《やわた》駅 JR飯田線／長野県 飯田市

伊那谷の左官屋マンサード

飯田市の河《か》岸段《がんだん》丘《きゅう》上にあるモルタル造りの洋館駅舎だ。駅名の「八幡」は近くの鳩ヶ峰八幡宮に由来する。ここは天竜船下りの下車駅でもあり、木造駅舎の多かった飯田線のなかでちょっと気合いの入った洋館駅舎になっている。玄関のマンサード飾りもバランスがよく、「掻き落とし」手法で凹凸のつけられた壁や各所に見られるモルタルの装飾が、施工した左官職人の腕の冴えを伝えている。とはいえ駅頭にあった特徴的な駅名看板は取り払われ、ホームのひょうたんの棚もすでになく、駅の持つ有機的な部分がしだいに削がれている。老兵だが､消え去っては困る名駅舎である。

1

2

●右写真
1 凹凸のある掻き落とし技法を駆使した壁に注目
2 古い洋館駅舎に見られる天井の丸いランプ座

■大正15年（1926）：伊那電気鉄道の駅として開業、駅舎もこの時期のもの
■昭和18年（1943）：国有化され飯田線となる
■平成6年（1994）：無人化

新村《にいむら》駅 松本電鉄上高地線／長野県 松本市

電鉄本社にイナズマが光る

最近になって電気自動車がようやく実用化され始めたが、鉄道ではすでに19世紀に電気で列車が走った。そんな電車が松本盆地を走り始めたのが大正10年のこと。筑摩鉄道の本社だった新村駅の玄関にはデンキのイナズマが光った。今も残る朱色に塗られた装飾だが、当時は列車といえばススだらけの蒸気機関車の時代。この線の乗客だけは新村駅のイナズマをくぐって快適な電車の恩恵に浴したのだ。そんな駅舎はなんとも枯れきったたたずまい。駅前に向かってコの字に建つ平面構成も面白く、車庫には旧型電車が停まる。鉄道好きには電気のようにシビレる駅である。

1

2

●右写真
1 イナズマ模様の玄関、中央に社章も見られる
2 昭和初期の鉄道駅の雰囲気がそのまま残る

■大正10年(1921)10月2日：筑摩鉄道として開業
■昭和7年(1932)：松本電気鉄道に社名変更

西魚津《にしうおづ》駅 富山地方鉄道本線／富山県 魚津市

小粋な駅舎、富山平野に咲く

2

　富山地方鉄道はいい駅舎の多い鉄道だが、チューリップで有名な魚津市の郊外にも秀逸な洋館駅舎を残している。モルタルで固められた駅舎本屋に丈夫そうなひさしを巡らせているのがいかにも雪国らしいが、玄関のファサードには独特の字体で駅名が書きこまれている可愛らしい駅舎である。黒川清三郎という設計者名が記録に残っているが、富山地鉄の越中三郷《えっちゅうさんごう》、浜加積《はまかづみ》、釜ヶ淵《かまがふち》の各駅も類似する駅舎だ。すでに無人化されて久しく、なかば放置状態にある駅舎だが、裏手の井戸や宿直室などにかつての生活感を残している。ここは春夏秋冬、絵になる駅舎である。

●右写真
1 ホームの乗り場、階段部分の屋根の形状も面白い
2 駅の構内踏み切り、富山地鉄には多い

■昭和11年（1936）8月21日：富山電気鉄道開業時駅舎竣工
■昭和18年（1943）：富山地方鉄道に統合

姨捨《おばすて》駅 JR篠《しの》ノ井《い》線／長野県 千曲市《ちくまし》

見どころ満載、峠の洋館

この駅は日本の「車窓絶景駅」として有名だが、信州屈指の完成度の高い洋館駅舎が建つ駅でもあるのだ。スレート瓦の切妻に変形マンサードをクロスさせた独特のレイアウトで、軒先の王冠形の換気窓がアクセントになっている。駅舎は昭和２年に完成したもので、当時は大正中期からの好景気で観光旅行がブームになっていたよき時代の駅舎である。また急勾配途中のスイッチバックの駅でも知られ、以前は折り返し点の線路末端には暴走列車を受け止めるバッファゾーン(上り勾配)も設けられていた。眺望、構造、そして駅舎と、いくらでも時間が潰せる面白い駅だ。

●右写真
1 ホームからは善光寺平(盆地)の展望が広がる
2 スイッチバックの駅なので電車はまた戻っていく

■明治33年(1900)：開業時開駅
■昭和2年(1927)：現駅舎竣工

鶴《つる》来《ぎ》駅 北陸鉄道石川線／石川県 白山市《はくさんし》

北陸の風雪に耐えて、なお美形

下見板張りにハーフティンバーの白壁を組み合わせた華やかな駅舎だ。特に車寄せの柱まで下見板張りで飾るのは北陸地方独特の手法で、これも積雪対策のひとつと聞いた。駅には石川線の終着駅として比較的規模の大きな車庫や指令関連の施設が置かれているが、かつては能美《のみ》線や金名《きんめい》線（加賀一の宮で接続）まで電車を走らせていた。ここはいわば白山山麓、手取川《てとりがわ》流域の交通の要衝だった駅で、そんな自負が駅舎正面に飾られた社章に漂っている。利用者減少のおり、すでに切れる路線は切ったローカル私鉄だけに、田園の鶴のごとき駅舎の安泰を願いたい。

●右写真
1 今は北陸鉄道石川線の終点、電車は元東急7000系
2 駅舎正面に北陸鉄道の社章が掲げられている

■大正5年（1916）6月22日：開業
■昭和2年（1927）：現駅舎竣工

布袋《ほてい》駅 名古屋鉄道犬山線／愛知県 江南市《こうなんし》

風前の布袋駅

今、解体の危機に瀕している駅舎である。大正元年の鉄道開通とともに完成した駅舎は入母屋の瓦屋根に霧よけ（小ひさし）を巡らせ、玄関には旧名古屋電気鉄道の社紋も残されている。全体に擬洋風ともとれる毛深い印象で、改築済みの駅舎が増えたなかでひときわ異彩を放っている。すでにこの区間は高架化工事が始まっていて、駅機能は仮駅舎に移され、あとは生命維持装置を外すだけといった状況だ。もう名古屋鉄道にはこれより古い駅舎はなく、あと数年で竣工100年を迎える時期の解体は無念。これから建つ新駅舎は100年間、愛される駅になるのであろうか。

●右写真
1 大正元年の駅舎玄関に名古屋電気鉄道の社章も
2 ホーム側から見た布袋駅、個性的な洋館建築だ

■大正元年（1912）8月6日：名古屋電気鉄道の駅として開業時駅舎竣工
■大正10年（1921）：名古屋鉄道に譲渡
■平成22年（2010）：高架化のため解体予定

上野市《うえのし》駅 伊賀鉄道／三重県 伊賀市

芭蕉と忍者とハイカラ駅舎

ひと目見ただけで心に残る駅舎だ。マンサードを四方に組むという造形はヨーロッパの古い農家を思わせ、どこか牧歌的な気持ちにさせてくれる。これは三重県内の公共施設を数多く手がけた城戸《きど》武男の設計で、大正時代に伊賀上野城の近くにこの印象的な駅舎を建てた。ちなみに施工したのは「ハイカラ屋」と記録に残っている。大正デモクラシーの自由さが横溢するような駅舎のデザインは、鉄道屋には絶対に描き起こせないだろう。完成以来88年間、町の人たちはこの伊賀鉄道の駅をJR伊賀上野駅と区別して「しえき」と呼んで親しんでいる。

●右写真
1 四方に個性的な中折れ屋根を見せる駅舎だ
2 俳人、松尾芭蕉の像も洋館駅の前に立つ

■大正5年(1916)8月8日：伊賀軌道上野町駅として開業 ■大正11年(1922)：現駅舎竣工 ■昭和16年(1941)：関西急行鉄道に改称、上野市に駅名改称 ■昭和19年(1944)：近畿日本鉄道に吸収 ■平成19年(2007)：伊賀鉄道(新)として独立

新《しん》八《よう》日《か》市《いち》駅 近江鉄道八日市線／滋賀県 東近江市

近江平野の米国風駅舎

今どき、こんなにおそろしく古い建物を不特定多数の客に使わせる商売は、鉄道以外にはないのではないか。新八日市駅を見たときそう思った。大正２年に開業した湖南鉄道の本社があった駅舎で、老朽化で立入禁止の２階には事務所があったという。下見板張りの壁面に上げ下げ窓を並べて、妻飾りで飾った玄関はアメリカ風だが、これに寄せ棟の堂々たる瓦屋根をのせる。近江は建築家ヴォーリズの地元だけに洋館建築は多いが、駅舎となると案外少ない。現状では壊す理由は山ほど出せるが、これをなくしたらとても大きなものを失いそうな懐の深い駅舎である。

●右写真
1 あまり補修もされていない分オリジナル度が高い
2 ホーム側も堂々たる洋館建築だ

■大正２年（1913）12月29日：湖南鉄道八日市口駅として開業
■大正８年（1910）：新八日市に改称
■昭和19年（1944）：近江鉄道に吸収

鳥《とり》居《い》本《もと》駅 近江鉄道本線／滋賀県 彦根市

駅舎の世界の西の魔女

建築家ヴォーリズの地元近江は洋館建築が多い土地柄だが、そのなかでもひときわチャーミングな駅舎である。急角度の腰折れ屋根に、構造材を装飾にした玄関を持ち、アクセントに煙突を立てた姿はヨーロッパの田舎にあるような装いだ。待合室の吹き抜けの天井にもハンマービームと呼ばれる洋館建築の構造がむき出しになるなど、西洋の血が流れる大技が効いた建物である。駅舎は旧中山道の鳥居本宿にあって、鉄道建設時に地元の請願で建てられたという。近くを疾走する東海道新幹線の車窓からも見える駅舎は紅い瓦屋根が目印。目に留めていただきたい。

●右写真
1 ストーブの煙突がアクセントになっている洋館だ
2 駅舎とホームは少し離れている

■昭和6年（1931）3月15日：開業時からの駅舎

諏《す》訪《わ》ノ森《もり》駅 南海電鉄南海本線／大阪府 堺市

消えゆく堺の宝石箱

1

2

諏訪ノ森駅舎は小さな建物である。ほとんど改札口を覆うだけのスペースで、駅舎というには心許ないサイズだが、南海はここに比類なく美しい建物を残した。平石をあしらった腰壁にうす茶色のモルタルを組み合わせ、山小屋風の屋根をのせてステンドグラスの小窓を並べる。そんな踏み切り脇の小駅舎が街の雰囲気を上品に変えている。鉄道駅の存在感とデザインの魔力、大正８年にして日本人はこれだけの造形力を持っていたのだ。この、存在すら物語になるような駅舎はやがて南海本線の高架化事業で消えるという。我々は安全や効率化の前では、馬鹿になるのかもしれない。

●右写真
1 小さいながらも風格と存在感を備えた駅舎だ
2 玄関上のステンドグラスに浜辺の風景が

■明治40年（1907）12月20日：開業
■大正８年（1919）：現駅舎に改築

西天《にしてん》下《が》茶《ちゃ》屋《や》駅 南海電気鉄道高野線(汐見橋線)／大阪府 大阪市

なにわの支線ブルース

　南海沿線に残るクラシック・ステーションによく見られるのが、玄関上に開けられた小窓で、諏訪ノ森駅や蛸地蔵駅にはおしゃれなステンドグラスが飾られている。さて、この西天下茶屋駅にも小窓はあるが、すすけたガラスがはまるだけである。それ以上に駅全体に漂う投げやりなムードがなんとも可笑《おか》しい。これは汐見橋線全域に言えることで、なかば放置状態に置かれた下町支線の悲哀がこの洋館にも漂っている。でも、ゆったりと流れる時間と肩の凝らない下町情緒は捨てがたく、こんな駅と老いていくのも悪くないと思ってしまう。ちなみに天下茶屋はあの亀田兄弟の地元である。

●右写真
1 モルタル建築のどこか殺風景な待合室
2 汐見橋線は南大阪の下町路線だ

■大正4年(1915)9月18日：大阪高野鉄道により駅開業
■大正11年(1922)：南海鉄道と合併
■駅舎は推定昭和初期の建築

六甲《ろっこう》ケーブル下《した》駅 六甲摩耶鉄道六甲ケーブル線／兵庫県 神戸市

よき時代に登るケーブル駅

ケーブルカーは観光地に設けられる。そのため山麓には山の雰囲気の駅を設けることが多い。この六甲ケーブルも戦前から六甲山へ登る観光ルートとして親しまれてきた。この下駅は昭和13年の水害で被災した初代に代わって再建したもので、木造の大屋根にログ風の待合室を併設した山小屋形のプロポーションになっている。正面の壁に丸太で書かれた文字もいい。観光施設でありながら上質感が漂うのはさすが港町神戸の建物と感心するが、実は山上の乗り場も近代化産業遺産に指定されたクラシックなビル形になっている。見どころが多いケーブルカーだ。

●右写真
1 待合室も丸太を多用した山小屋風
2 昭和モダンな白壁とハーフティンバーの組合せ

■昭和7年(1932)3月10日：土橋駅として開業
■昭和13年(1938)：阪神大水害で駅舎倒壊、現駅舎に改築
■昭和48年(1973)：六甲ケーブル下に駅名改称
■昭和50年(1975)：六甲摩耶鉄道に改称

姫《ひめ》松《まつ》駅 阪堺《はんかい》電気軌道上町《うえまち》線／大阪府 大阪市

高級住宅街の地蔵小屋

　これが駅舎か？ と問われると自信がないが、そのお堂のような趣のある構えは捨てがたい。建築年代も定かではないが、ひょっとすると明治の可能性も。かつての日本人に合わせたのか、ベンチは異様に低い。まるでしゃがむようなベンチから外を見ると、曲線の頬杖（柱の支え）に縁取られ、道を行く帝塚山《てづかやま》のセレブなご婦人たちがいっそうお洒落に見える。この、自らがお地蔵になったような気分になる待合所は、姫松のほか同線の住吉にも見られる。ただし、待合所の奥に座っていると壁にさえぎられて接近する電車が見えないのは困ったところ。でも電車はすぐにやってくる。

●右写真
1 クラシックな柱と軒の構造、只者ではない小屋
2 帝塚山に近い高級住宅街の電停だ

■明治33年（1900）11月29日：大阪馬車鉄道の駅として開業
■明治41年（1908）：電化
■明治42年（1909）：南海鉄道上町線となる
■昭和55年（1980）：阪堺電気軌道として独立

玖《く》波《ば》駅 JR山陽本線／広島県 大竹市

瀬戸の駅舎は洋館住宅の気分

玖波は瀬戸内の駅である。広島県の西、山口との県境に近い山陽本線の駅舎は端正な三角のファサードと5本柱の玄関のひさしが個性を出している。よく見ると軒には丸太が飛び出して軽やかにアクセントを出し、細かな造りもおろそかにしていない。終戦の混乱も一段落した昭和24年に改築された駅舎は西国《さいごく》街道の本陣跡に近く、海あり山あり歴史ありの風景にたたずんでいる。ちなみにこの年代から国鉄にはモダニズムデザインの嵐が吹き荒れ、このような住宅形駅舎は吹き飛ばされてしまった。玖波駅は復興期に、一瞬風が止まったときの瀟洒な木造駅舎である。

●右写真
1 駅舎にしては立派な玄関のひさし、柱が印象的
2 駅頭の坪庭には駅員手作りの池も

■明治30年（1897）9月25日：山陽鉄道として開業
■明治39年（1906）：国有化
■明治42年（1909）：山陽本線の路線名がつく
■昭和24年（1949）2月：現駅舎に改築

長《なが》門《と》大《おお》井《い》駅 JR山陰本線／山口県 萩市

寄ってみたくなる散髪屋の駅

無人駅の建物活用で飲食店に次いで多いのが理髪店だ。山陰の小駅、長門大井にも床屋が店開きしてクラシックな駅舎を守っている。この駅はいわゆる「小停車場本屋標準図」(鉄道省、昭和５年)に準ずるような規格形の建物だが、玄関上には可愛らしい三角屋根を見せている。理髪店主の趣味らしく駅頭の植え込みも見事で、あちこちに盆栽も飾られている。そんなジオラマにしたくなるような温もりある駅風景は、近隣の山陰本線の無人駅のなかでひときわ目立つ。日中は１～２時間に１本の列車、途中下車してサッパリするならこんな駅がいい。ちょっと冒険だけど。

●右写真
1 幾何学模様の天井と床屋の主人の観葉植物
2 端正なファサードはこの地方の駅舎に多い

■昭和4年（1029）4月24日：美禰線として開業、駅舎も開業時のもの
■昭和8年（1933）：山陰本線に改称

1

2

折《おり》尾《お》駅 JR鹿児島本線・筑豊本線／福岡県 北九州市

消えゆく筑豊的混沌《こんとん》

折尾駅は混沌の駅である。鹿児島本線と筑豊本線が斜めに交差し、古いレンガのトンネルで両者が結ばれている。大正6年に建てられた風格のある木造駅舎は筑豊本線に沿って建ち、その駅前ロータリーをはさんだ反対側には鹿児島本線短絡線6・7番ホームがある。駅に沿って堀川運河が延び居酒屋がずらりと並ぶ。ここはまさに筑豊がつくり出した歴史的景観だ。元来こういうところにはうまいものが多く、駅弁「かしわめし」も名駅弁だ。しかし今年から「折尾駅周辺連続立体交差事業」がスタートし駅舎は解体の予定という。総工費なんと350億円。混沌は許されないようだ。

●右写真
1 待合室には見事な寄木の柱が立つ
2 日本初の立体交差駅、線路下通路もレンガ造り

■明治24年（1891）2月28日：九州鉄道として開業
■明治40年（1907）：国有化
■大正6年（1917）：現駅舎に改築

採銅所《さいどうしょ》駅 JR日田彦山《ひたひこさん》線／福岡県 田川郡香春町

危機迫る筑豊の伝統派洋館駅舎

　壁板は剥がれて軒は下がり、柱の根本は腐って、すでに建物としての寿命は尽きつつある。それでもファサードには旧小倉鉄道の駅に見られたハンマービームの妻飾りが見られ、待合室の天井には照明の坐繰《ざぐ》りが残り、この駅の由緒がJR・国鉄以前からのものであることを伝えている。同型の駅舎は石田、石原町、呼《よぶ》野《の》と並んでいたが完全な姿はこの採銅所だけとなった。一帯は小倉と田川を分ける筑豊の小さな峠で､「採銅所」とは旧採銅所村に由来する。名駅舎だった隣の香春《かわら》駅舎が焼失（平成7年）した今、ここは真の絶滅危惧駅舎といえるだろう。

●右写真
1 軒先のハンマービーム構造が大きな特徴
2 すばらしい洋館駅舎も朽ち果てつつある

■大正4年（1915）4月1日：小倉鉄道により開業時開駅。駅舎も開業時竣工
■昭和18年（1943）：国有化され添田線となる
■昭和35年（1960）：路線名日田彦山線に改称

南島原《みなみしまばら》駅 島原鉄道／長崎県 島原市

波止場の老優

威風堂々の木造駅である。かつての学校校舎のような大型の切妻にハーフティンバーのファサードを設け、重厚な車寄せを玄関に設けた。開業当初は地元有志の出資した島原鉄道の終着駅として、福岡や熊本からの有明海航路があった島原湊に駅を置いたのだ。その後は口之津《くちのづ》鉄道が接続して加津佐まで延伸したが平成20年に廃止となり、隣の島原外港が終着となった。現在、駅舎の半分はドラッグストアが使っているが、待合室や駅事務所は昔のままで、ホームから見える車庫の旧型気動車群もこの駅の楽しみになっている。周囲の町並みと一緒に年老いた、いい駅舎だ。

●右写真
1 構内は車庫もあって多数の車両が見られる
2 風格の駅名表示、駅舎の造りもしっかりとしている

■大正2年（1913）9月24日：湊新地駅として開業
■大正9年（1920）：島原湊駅に改称
■昭和25年（1950）：一部改築
■昭和35年（1960）：南島原駅に改称

大村《おおむら》駅 JR大村線／長崎県 大村市

海軍の駅は白亜のハーフティンバー

壁に柱を浮き出させるハーフティンバー様式を効果的に使った洋館駅舎だ。さらに軒先まで小窓が並び、壁面に独特のリズムを出している。また駅前の階段部分を覆う大きなひさしも特徴で、過去に多数の乗降客を賄《まかな》ったことを教えている。この大村にはかつて帝国海軍の航空隊があり、現在の海上自衛隊大村航空基地に引き継がれている。いわば軍都の玄関として建てられた駅舎だが、威張った感じはない正統派の洋館駅舎だ。また、長崎本線の有明ルートが開通する前はこの大村線が長崎本線でもあり、長距離列車対応の本線駅の時代もあった。

●右写真
1 白亜の壁に小窓が並ぶ、九州屈指の洋館駅だ
2 歴史を秘めた建物、その待合室も広い

■明治31年（1898）1月20日：九州鉄道長崎線として開業
■大正7年（1918）7月：現駅舎に改築
■昭和9年（1934）：大村線に路線名改称

石とコンクリートの駅舎

黎明期は外国人技師によって石を多用した駅舎が作られたが、やがて材料が調達しやすい木造が主力になっていく。ところが関東大震災を経験するとターミナル駅を中心にコンクリート駅舎が登場し、戦後になるとローカル駅にも波及していく。コンクリート建築が本来持っている自由な造形が、やがてマスプロ化していく過程を駅舎に見るのも面白い。しかしそんな駅舎でさえ、今は消えつつある。

南《みなみ》宇《う》都宮《つのみや》駅 東武宇都宮線／栃木県 宇都宮市

産地の誇り、大谷石《おおやいし》の駅

石材と鉄道は深い関係がある。石の産地から鉄道でつながっているところで広く使われるからだ。宇都宮郊外で採掘される大谷石も鉄道によって関東一円に広まって、鉄道でもホームの基礎などにも使われてきた。南宇都宮駅はその大谷石で壁面を覆い、コンクリートとはひと味違った風合いの駅舎になっている。昭和７年の開業時は付近に完成した野球場のための駅で、軒先には野球のボールをあしらったとされる模様が施されている。このような石材を多用した駅舎は、国内では極めて珍しく、ほかに博物館動物園（京成・廃駅）と美瑛《びえい》（JR富良野線）ぐらいしか存在しない。

●右写真

1 下半分は地元の名産、大谷石でできている

2 小さな改札ホールと四角い天井、昭和７年の完成

■昭和７年（1932）4月17日：野球場前駅として開業、駅舎竣工

■昭和８年（1933）：南宇都宮に駅名改称

両国《りょうごく》駅 JR総武本線／東京都 墨田区

東の玄関は鉄筋入り

　東京、上野、新宿と並ぶ東京のターミナルとして千葉・房総方面の玄関の役割を担ってきた駅舎である。当初は房総方面からの野菜列車が発着し、地上ホームには野菜クズが散乱していたという。その後千葉方面の電化が進むとターミナルとしての存在感は薄れ、やがて総武快速線の開業とともに東京駅にその役割を譲る。初期の機能主義的な鉄筋コンクリート建築で、ヨーロッパ調の大ホールも備えた大型駅舎だが、JRも持てあまし気味。地上の３番ホームがまだ生きていて、最近まで夕刊を房総方面に運ぶ新聞列車も走っていた。国技館のある土地柄、力士の姿も多い。

●右写真
1 高架線の上からコンクリートの駅舎を望む
2 旧改札口には歴代横綱の力士額が掲げられている

■明治37年(1904)4月5日：総武鉄道の両国橋駅として開業
■明治40年(1907)：国有化
■昭和4年(1929)：現駅舎に改築
■昭和6年(1931)：両国に駅名改称

青《お》梅《うめ》駅 JR青梅線／東京都 青梅市

かつては青梅鉄道の本社ビル駅

気持ちいいほどハンサムなビルである。かつては青梅鉄道の本社が置かれていた駅だけに、大正モダンの気分を帯びて青空にそびえている。鉄筋コンクリート3階建て、以前は地下街もあったという。まさに、この青梅の地に立川や新宿と同じ『都会』を持ち込んだのは奥多摩地方からセメントの材料になる石灰を運び出す目的で設立された青梅鉄道だった。川から砂利を採った相模鉄道と同様に、山から石灰を掘ったこの鉄道も関東大震災の復興特需によって大繁盛し、本拠地の青梅にビルを建てて商売に邁進したのだ。青梅駅舎には、そんな上り調子の雰囲気がある。

1

2

●右写真
1 ビルのなかの改札口、太い柱が時代を感じさせる
2 ホーム側、青梅レトロタウンのシンボルだ

■明治27年(1894)11月19日：青梅鉄道の駅として開業
■大正13年(1924)：現駅舎に改築
■昭和19年(1944)：国有化

社《しゃ》家《け》駅 JR相模《さがみ》線／神奈川県 海老名市

コンクリートの直線と曲線

大正時代は関東大震災で記憶される年号である。首都圏を直撃したこの大地震は人々を、簡単に崩れ去る木造建築から、当時実用化され始めたコンクリートの「永久建築」に向かわせた。もとよりコンクリは砂利を必要とする。砂利は川にある。運ぶには鉄道がいる。相模線の前身、相模鉄道は相模川の川砂利を運ぶために設立された。そして各駅を商品見本のようなコンクリートで建設する。社家駅もそのひとつで、箱を置いたような本体に玄関を半円形のアーチにして新時代の建物を演出した。それ以来80余年を経て、ユニークな「永久建築」は今も異彩を放っている。

●右写真
1 トンネルのような玄関の半円アーチがユニーク
2 コンクリートの駅として80年が過ぎた

■大正15年(1926)7月15日：開業時駅舎竣工
■昭和19年(1944)：国有化

倉《くら》見《み》駅 JR相模線／神奈川県 寒川市

コンクリート駅舎のかたわれ

同じ相模線の社家駅と同型の旧相模鉄道時代からのコンクリート駅舎だ。もっとも、硬いコンクリートをまとっているのは建物の壁面部分で、内部は木造部分も多い過渡的な建築になっている。いわば、木造コンクリートともいうべき手法はやがて「木造モルタル造り」となって全国に普及した。ともあれ、その革新的なデザインの駅舎は植え込みの庭木に覆われて、まるで美術館の入口のような表情を見せる。現在、相模線では複線化や駅の近代化が叫ばれている。また倉見駅南方では東海道新幹線が交差していて、ここに新駅設置の構想もあるという。将来的には予断を許さぬ駅舎である。

●右写真
1 陸屋根と呼ばれるフラットなルーフ
2 駅舎デザインとして見ても極めて個性的だ

■大正15年(1926)：相模鉄道として開業、駅舎も竣工
■昭和19年(1944)：国有化

駒《こま》ヶ《が》岳《たけ》頂上《ちょうじょう》駅 伊豆箱根鉄道駒ヶ岳鋼索線（箱根駒ヶ岳ロープウェイ）／神奈川県 箱根町

国立公園の、山上の要塞

標高1327m、箱根火山の最高峰に建つコンクリートのロープウェイ山上駅である。かつては5階に展望レストランがあり（廃業）、箱根を支配下に置いたような気分で飯が食えた。長年、箱根全域で繰り広げられた西武と東急による「箱根山戦争」のモニュメントのような大建築はしかし、完成後半世紀を経て魁偉《かいい》なコンクリート塊と化し、極めて評判が悪い。それでも360度のパノラマが広がる大自然のなかに、挑発的なまでの人工的な建築があるのも絵画的に面白い。今はもう国立公園内に建てることは絶対に不可能なだけに、あえて擁護したい超個性派駅舎である。

●右写真
1 コンクリート柱の下に芦ノ湖が見える
2 山頂にある、神奈川県最高所の駅だ

■昭和38年（1963）4月27日：開業

2

南甲府駅《みなみこうふ》 JR身延線《みのぶせん》／山梨県 甲府市

開業時は超豪華な私鉄本社駅

まるで警察署のような権威的なビルディングの駅舎だ。それというのも開業時は富士見延鉄道の本社が置かれていたためで、今でも乗客はまるで「出頭」するように玄関に入っていく。真正面にはアーチを描いた3窓を並べ、左右に大きくウイングを広げて軒先には装飾を施すなど、大盤振る舞いの大建築は今でも相当に目立つ。開業当初は貴賓室や食堂、屋上には庭園もあって「甲府駅など顔色無し」といわれる豪華駅舎だった。不幸なことに開業翌年に世界恐慌に見舞われ、富士見延鉄道はあっという間に経営不振となって10年後には官営鉄道の軍門にくだった。

●右写真

1 建物の裏側は素っ気ない、構内踏み切りも現役

2 かつては駅を中心に都市開発が行なわれた歴史も

■昭和3年(1928)3月30日：富士身延鉄道甲府南口として開業、駅舎も本社として竣工

■昭和13年(1938)：国有化して身延線となり南甲府と駅名改称

山小屋形駅舎

明治時代、外国人たちによってもたらされたアルピニズムは、大正から昭和にかけて国民的娯楽となっていく。当時は北アルプスを中心に次々に山小屋が建設され、ヨーロッパ文化があこがれをもって迎えられた。この時期、山脈を越えて盛んに鉄道が延伸し、各所に登山を意識した駅舎が建てられていった。本格的なものから擬似山小屋形まで、いずれも風景によくなじむ駅舎スタイルだった。

川《かわ》湯《ゆ》温泉《おんせん》駅 JR釧網《せんもう》本線／北海道 弟子屈町

洋館ログ駅舎の極北

シラカバやイチイといった北の銘木をふんだんに使って、地元大工が存分に腕を振るった傑作駅舎だ。がっちりと組まれたログの重厚さと、ハーフティンバー風に浮き出したシラカバの軽快さが絶妙なバランスを保ち、全体に品のあるクラシックホテルのような雰囲気を醸している。駅は無人化をきっかけに事務室と貴賓室がレストランになり、今では道東では有名な味処になっている。噴煙を上げるアトサヌプリ山麓の原野に建つ、いかにも北海道らしいロケーションも素晴らしい。ホームにはかつて地元の侠客から寄贈されたという木彫りのクマが客を出迎える。必見の駅舎だ。

●右写真
1 白樺のファサードは珍しい、窓は明り取り用だ
2 壁は丸太を使った本格的なログ構造だ

■昭和5年(1930)8月20日：川湯駅として開業時開駅
■昭和63年(1988)：川湯温泉に駅名改称

会津《あいづ》宮下《みやした》駅 JR只見《ただみ》線／福島県 三島町

曲がった丸太、会津の個性派

曲線を描く丸太のハーフティンバーがなんとも珍しく個性的な駅舎だ。建設された当時はすでに戦時下で、駅舎も鉄道省が乗降人数に応じて制定した「小停車場駅本屋《ほんおく》標準図」によって建てられていった。そのなかで「特殊ノ理由有ルモノハ別ニ設計スルモノトス」の一項があり、この会津宮下駅も宮下温泉の下車駅で、開業時は終着駅だったことからこのような銘木の車寄せを奮発したのだろう。ちなみに正面右手の建物は便所で、この当時は駅舎本屋とは別棟で建てられていた。近年、補修工事が施され白壁と丸太が美しくよみがえった。只見線屈指の名駅舎である。

●右写真
1 ホーム側の構内踏み切り、1日50人ほどが乗降
2 床の間のような銘木をふんだんに使った玄関

■昭和16年(1941)10月28日：会津線の駅として開業、駅舎も竣工
■昭和46年(1971)：只見線となる

2

奥多摩《おくたま》駅 JR青梅《おうめ》線／東京都 奥多摩町

山の駅舎はかくあるべし

背の高いハーフティンバー(壁面に柱を見せる様式)に変形切妻のこみいったファサードを組み合わせた、擬似チロル風ともいうべき駅舎だ。しかもよく見ると茶室風の丸窓もあったりして、相当にやんちゃなデザインを立ち姿よくまとめている。建てられたのは開通と同時の昭和19年夏、太平洋戦争も終盤の困難な時期にこのような遊び心満載の駅舎が建てられたとは、ちょっと驚きだ。設計者のなかで戦争後の観光ニーズも視野に入っていたとすればたいしたものである。現在2階には地元観光協会がそば屋を開いている。標高343m、ここは東京最高所の駅そばである。

●右写真
1 クラシックホテルのような重厚な玄関
2 段差のついた正面の屋根、斜めの支えも珍しい

■昭和19年(1944)7月1日：氷川駅として開業。駅舎は開業時竣工
■昭和46年(1971)：奥多摩に駅名改称

鳩《はと》ノ巣《す》駅 JR青梅《おうめ》線／東京都 奥多摩町

異様に立派、丸太の玄関

普請道楽の路線がある。関東ではJR青梅線がそれにあたり、本書でも青梅・御嶽《みたけ》・奥多摩の駅舎を取り上げている。この鳩ノ巣駅も青梅線で見過ごすことのできない山小屋スタイルで、玉石積みの土台に太い丸太を組んだ土俵のような立派な玄関を備えている。妻面のハーフティンバーも和小屋組みのようなデザインで、板壁には巧みな刻み加工を施すなど、通常の駅舎には見られない細工が各所に施されている。この区間は昭和19年の開通時に国有化されたが、路線建設は青梅鉄道や浅野セメントが設立した奥多摩電気鉄道で、この駅舎にもその旧私鉄の血が流れているのだろう。

●右写真
1 見事な丸太材でできた玄関のひさし
2 駅名看板、ここも標高は310mの高所駅

■昭和19年(1944)7月1日：開業時開駅、駅舎も竣工
■昭和46年(1971)：一部改築

大月駅《おおつき》 JR中央本線／山梨県 大月市

今や風前の灯の丸太組み

桂川《かつらがわ》の河岸段丘《かがんだんきゅう》上に建つ駅舎は、丸太を荒々しく組み上げた山の駅をイメージさせる見事なログハウス駅舎である。丸太組みは壁面の装飾にとどまらず、隣の公衆便所にもおよび、完成当時は駅がログコテージの様相だったと想像できる。この素晴らしい丸太駅舎も駅頭に自販機や看板類が多く、そのプロポーションが一望できないのが残念だ。さらに駅前は狭く、近々橋上駅化されると聞く。当然ながら旧駅舎の保存移築費用は見込まれておらず、このままでは屈指のログ駅舎は消えてゆく運命にある。残念ながら、大月にリゾートの雰囲気を与えてきた駅舎を評価する人は少ない。

●右写真
1 がっちりと組まれた玄関、なくすには惜しい駅舎
2 手前のトイレまでログハウス、山間の名駅舎だ

■明治35年(1902)10月1日：開業時開駅
■昭和3年(1928)11月：現駅舎に改築

三《み》つ峠《とうげ》駅 富士急行大月線／山梨県 西桂市

磨けば光る、のどかな停車場

山小屋形駅舎は当然のことながら登山口の駅に多いデザインだ。三つ峠駅もその名のとおり富士山の展望地、三つ峠山への下車駅として三角ファサードのロッジ風になっている。駅舎が建てられた富士山麓電気鉄道時代は同線の谷《や》村町《むらまち》駅のような似たデザインポリシーの駅が多く、玉石積みの装飾も以前は各駅にも見られた意匠だ。ただし近年、メルヘン調の駅名看板や風見鶏が設けられ、せっかくの歴史ある駅が安っぽく感じられる。この富士急行は嘱託の駅員に駅舎を住居として提供しており、三つ峠は女性駅長で話題になった。駅舎のコンデションもいい。

●右写真
1 特産の織物のショールームが改札口に
2 山小屋のような玄関、新しい駅名看板に違和感も

■明治36年(1903)8月14日：富士馬車鉄道小沼駅として開業
■昭和４年(1929)：現駅舎に改築
■昭和18年(1943)：三つ峠に駅名改称
■昭和35年(1960)：富士急行に改称

1

2

飛《ひ》騨《だ》小《お》坂《さか》駅 JR高山本線／岐阜県 下呂市

ログハウス駅舎の理想形

美林を背景にして建つ飛騨小坂駅は、丸太をリズミカルに組み上げた本格的なログスタイルの駅舎である。ここは木《き》曽《そ》御嶽《おんたけ》の登山口で、かつて登山客は素晴らしい山小屋のような駅に迎えられて、千《ち》木《ぎ》のある玄関から霊山に向かったのだろう。さらに2つの川が合流する林業の町だけに、良材をふんだんに使った駅舎は地域のシンボルでもあった。なによりいいのは、夾雑物のない坂の上に神社のように建ち、今もクラシックで風格のある構えを崩していないことだ。今後も駅頭に自販機を置くような愚は避けてほしい。存亡の危機にある大月駅舎とともにこの駅舎のランクは高い。

●右写真
1 待合室も広い、天井に丸太の装飾も
2 中央線大月駅と似た時代と構造の駅

■昭和8年(1933)8月25日：開業時開駅、駅舎も竣工

ビルのような木造駅舎

　鉄道の駅は異なる世界への玄関だった。人々は改札口を通って都会や世界に旅立っていった。そんな鉄道駅に、レールの先にある“都会”を演出するモダンなビルに似せた一群の建物が現れた。なんとも無邪気なビルディング・スタイル駅の登場だ。おおむね昭和初期、まだ都会がキラキラ輝いていた頃だ。映画や雑誌で見た都会のイメージは、大工の手で奇妙なビルディングになっていく。

津軽五所川原《つがるごしょがわら》駅 津軽鉄道／青森県 五所川原市

フェイクなビルが面白い

これぞ看板建築。正面から見ると立方体の普通のビルのようにも見えるが、裏側には、しもた屋風の屋根が隠れている。つまり木造モルタル2階建ての駅舎なのだが、この2階部分は以前夫婦者の駅員住宅だったとか。昭和31年に津軽鉄道が、それまで国鉄に委託していた駅業務を自ら行ない始めた記念碑的な駅舎で、隣に建つ本社建築とともにネオ・クラシックな一角を作っている。津軽鉄道のホームはJRの跨線橋《こせんきょう》を渡った反対側にあって、運転指令や古色蒼然とした車庫はそちら側に集まっている。鉄道ファンをして「走る昭和」と言わしめる津軽鉄道の小宇宙は、駅舎と共に興味が尽きない。

1

2

●右写真
1 閉鎖されていた待合室売店に駄菓子屋が開店した
2 隣の津軽鉄道本社屋も駅舎と同時代のもの

■昭和5年(1930)7月15日：五所川原駅として開業時開駅
■昭和31年(1956)：現駅舎竣工、津軽五所川原に駅名改称

中央弘前《ちゅうおうひろさき》駅 弘南鉄道大鰐《おおわに》線／青森県 弘前市

あえて注目、弘南鉄道のセンス

今となっては相当にくたびれた終着駅だが、あらためて眺めると極めて斬新な建築デザインの駅舎だ。ファサードをモルタルで長方形に囲み、金属板を張り付けた壁面に１文字ずつ駅名を並べるセンスは理屈を超えた痛快さがある。「そういえば昔はこんな映画館やスーパーがあったよな」と思わせる構えのなかに、ラーメン屋や甘栗屋も店開きして下町情緒も漂う。要するに中央弘前駅は面白い。建築は昭和27年、このような趣味に走った駅舎が建てられた時代もあったのだ。電車はここから大鰐温泉に走る。その途中の石川駅も似たデザインポリシーの駅舎が残っている。

●右写真
1 気合の入った始発駅舎、でもすっかり下町駅に
2 ホームは１本だけ、これでも頭端式ターミナルだ

■昭和27年(1952)1月26日：開業時開駅、駅舎も竣工

1

2

下吉田《しもよしだ》駅　富士急行大月線／山梨県 富士吉田市

富士山麓の名古屋駅!?

小さな議事堂のような、ひときわ目立つ擬似ビルディング形駅舎だ。四角いファサードからウイングを張り出す造形はバランスよく、遠くから見るとあたかも大建築がそこにあるように見える。駅舎は富士吉田の織物業が戦後隆盛を極めた頃に、大型駅舎だった2代目名古屋駅（昭和12年）を模して建てられたという。平成21年に工業デザイナーの水戸岡鋭治《みとおかえいじ》氏によりリニューアルされ、建物が見違えるように修復された。かつてこの下吉田から月江寺《げっこうじ》駅にかけては魔界のような歓楽街があったが、今は寂れた町並みが続く。下吉田駅は景気のいい時期に現れた木造の"都会駅"である。

●右写真
1 水戸岡鋭治の手でリニューアルされた駅舎
2 構内は広い、ホームからも富士山が望める

■昭和4年（1929）6月19日：開業時開駅
■昭和25年（1950）：現駅舎に改築

高《たか》山《やま》駅 JR高山本線／岐阜県 高山市

時を重ねた観光駅舎のモダン

小京都の玄関として品位とモダンさを兼ね備えた洒落た駅舎だ。木造からコンクリートへの過渡的な建物で、正面中央に高屋根を設けてアクセントを出している。それらが目立つことなく、古い町並みにバランスよく調和している。さすがに観光シーズンになると手狭になるが、その混雑具合もまた風情と考えるべきだろう。この高山駅も再開発で遠くない時期に橋上駅化されるという。観光のピーク時に合わせたような大型駅舎はおしなべて、閑散期は見るに耐えないほど空疎だ。名駅舎の建て替えは、軽井沢がそうであったように町の変質を伴うことを覚悟すべきだろう。

1

2

●右写真
1 休日は混雑する駅頭、でも雰囲気は悪くない
2 ホーム側もデザインされている駅舎だ

■昭和9年(1934)10月15日：開業時開駅、駅舎も竣工

山崎駅《やまざき》 JR東海道本線／京都府 大山崎町《おおやまざきちょう》

鉄道名所に練達のデザイン

木造駅舎に奇妙な四角いファサードを押し出しながら、半円形の出入り口を配して違和感を消している。そんな幾何学的造形を民家風のたたずまいのなかに編集するバランス感覚は他に例を見ない。鉄道ファンにとってこの山崎は大カーブがある撮影名所で、またサントリーの蒸留所があることでも知られている。しかしこの駅舎はまったく無名で、両隣の駅が橋上《きょうじょう》化《か》された今、京都～大阪間では東淀川駅とともに貴重な木造駅舎となっている。建てられた昭和2年は関西経済が好景気で沸き立っていた頃。民家にビルを混ぜたような遊びが、よき時代の気分を伝えている。

●右写真
1 半円状の玄関の縁にタイルの装飾が入る
2 改札口から見た外界、独特の雰囲気を持つ駅

■明治9年(1876)8月9日：開業
■明治28年(1895)：東海道線に所属
■昭和2年(1927)：現駅舎に改築

嗚《あ》呼《あ》、国鉄建築の駅舎

戦災復興も一段落した昭和30年前後、各地の駅舎は新時代を迎えるべく鉄筋コンクリート建築に改築されていった。まばゆいガラス、目の覚めるような直線。形は目的に従うという機能主義的デザイン。打ち放しのコンクリートも多用され街は駅から変わっていった。しかし、このような駅舎はやがて没個性の象徴にもなっていく。そんななか、初期の国鉄建築を探すと、希望の片鱗がかすかに息づいている。

稚内《わっかない》駅 JR宗谷本線／北海道 稚内市

思いは尽きぬ、消滅寸前の最北駅

私のみならず、数々の旅人の思い出を作った日本最北の駅舎である。鉄筋コンクリート2階建ての駅舎は当時の地方主要駅の典型的な没個性デザインで、玄関横のタイル張りの壁面に掲げられた駅名が唯一の洒落っ気という駅だった。しかし長旅の果ての終着駅が仰々しい観光駅ではなく、実用一点張りの姿だったことに旅情を覚えたのは私だけだろうか。現在は新駅舎の工事が進行中で、この北の果ての駅舎は取り壊される寸前にある。2階には利尻・礼文航路客の待合室があり、1階の食堂「ふじ田」はバックパッカーのオアシスだった。語れば尽きない駅舎である。

●右写真
1 正面タイルの看板、みんなここで写真を撮った
2 木造屋根のホーム、簡素な分、旅情もあった

■大正12年(1923)12月26日：稚内港駅として開業
■昭和14年(1939)：稚内駅に駅名改称
■昭和40年(1965)：現駅舎に改築

1

2

深川《ふかがわ》駅 JR函館本線・留萌《るもい》本線／北海道 深川市

北が元気だった頃の超近代駅

1960年代までは北海道の収支は黒字だったという。石炭、酪農、漁業と北の地からは富が湧いていたのだ。その豊かだった時代に建てられた深川駅にも新《しん》宮《ぐう》駅(昭和27年)と同様にコルビジェ風コンクリートの超横長ファサードが試された。ただし寒冷地なので窓は1列とし、留萌本線や深名《しんめい》線(廃止)も分岐していたため、2階を事務所にするなどより実用的なプランだった。この当時、国鉄の建築関係職員は6千人もいた。駅舎の新築は職員のあこがれの仕事だったという。そんな担当者の気合いが、深川駅のスカッとした姿に出ているような気がする。まぶしい駅舎だ。

●右写真
1 留萌本線や深名線も分岐したターミナルだった
2 近年、駅前も広く整備され駅舎の姿が際立つ

■明治31年(1898)7月16日：官設鉄道上川線の駅として開業
■明治38年(1905)：官設鉄道に移管
■明治42年(1909)：函館本線に路線名改称
■昭和35年(1960)6月：現駅舎に改築

大館《おおだて》駅 JR奥羽本線・花輪線／秋田県 大館市

掟《おきて》破りの、その長さ

かつて国鉄設計陣のなかを嵐のように吹きまくった超横長駅の極みが、この大館駅舎だ。横幅は約70mにもおよび、その姿には美醜を超えた感動すら覚える。2階は事務所、1階には駅長室や待合室、売店、トイレをまとめて長々と奥羽本線のホームに沿わせた。この大館の周辺には大規模な鉱山が点在した。駅には採掘された鉱石が集まり、構内の貨物ヤードも極めて広大だった。ともあれ、この駅が先代の木造駅舎から切り替わったときのインパクトは相当なものだっただろう。駅舎が建てられた昭和30年代は国鉄も黒字だった。自信があれば、長くてもかまわないのである。

●右写真
1 あまり評価されなかった国鉄建築の残党だ
2 駅前には秋田犬の像がある、鶏の名産地でもある

■明治32年(1899)11月15日：開通時開駅
■明治42年(1909)：奥羽本線の駅となる
■昭和30年(1955)12月：現駅舎に改築

柏崎《かしわざき》駅 JR北陸本線／新潟県 柏崎市

モダンで剛健、国鉄駅舎の残党

今も残る国鉄コルビジェ・スタイル建築のなかで最大規模の駅舎である。ただし、昭和40年代の改築で、かつての空間を切り裂くような攻撃性や新時代を予感させる大胆さは薄れ、すっきりと手堅くまとめられたプランのなかに安住することとなる。そんな柏崎駅舎だが、あの中越地震や日本海中部地震にも微動だにせず国鉄建築の優秀性を見せた。災害時、泰然自若と立つ駅舎が「実に頼もしく見えた」と駅前の饅頭屋の主人が言っていた。素っ気なく官僚的、まるで昔の空港ターミナルのような末期の国鉄近代建築だが、不器用ながらも、修羅場は越えているのだ。

●右写真

1 ホームに鋳鉄製の古い柱が使われている

2 駅頭の「四季の波」というモニュメント

■明治30年(1897)8月1日：北越鉄道の駅として開業

■明治40年(1907)：国有化

■昭和42年(1967)10月：現駅舎に改築

1

2

大《だい》聖《しょう》寺《じ》駅 JR北陸本線／石川県 加賀市

国鉄の遺伝子バンク

新しいのか古いのか、年齢不詳のコンクリート駅舎である。それでも子細に見ると戦後国鉄駅の特徴が残された面白い建物だ。今どき珍しい大ぶりな片流れ屋根や鉄サッシを多用したファサードのガラス張りなど、一世を風靡した国鉄モダン駅の装いがいい。それに加えて玄関左側のウオール状の装飾など、ポストモダンな造形も興味をひく。建築当初から改修を重ね、もはやどこがオリジナルかよくわからない駅舎だが、全体に意気込みと迷いが交錯したような不思議な魅力がある。停車する特急も減少し、いささか寂しくなった大聖寺駅だが、この建物は大切にしてもらいたい。

●右写真
1 リニューアルされて一見新しく見える
2 国鉄モダニズムの残り香も感じられる正面

■明治30年(1897)9月20日：開業時開駅
■明治42年(1909)：北陸本線の所属となる
■昭和28年(1953)5月：現駅舎に改築

1

2

今庄《いまじょう》駅 JR北陸本線／福井県 南越前町

自由な空、素顔を見たい駅

すこしくたびれた国鉄コンクリート平屋駅舎である。このような駅舎は、本来がコルビジェに通じる合理的な近代建築でローカル線に新風を吹き込むはずだった。しかし、たいていの場合使用者も利用者もデザインには無理解で、ガラス面に平然とポスターが貼られ、駅頭には燈楼が置かれてしまった。今となってはご愛敬だが、たぶんこのようなコルビジェ駅舎は今後は出てこないだろう。それだけに飾り物を取って建物本来の美しさをもう一度見てみたいと思う。通常の木造駅舎にはない陸屋根(平面屋根)独特の空の広さが、あの時代の自由さを伝えている。

●右写真
1 ここには寝台車改造の419系電車も走る
2 構内にある蒸気時代の給水塔、峠を控えた駅だった

■明治29年(1896)7月15日：北陸線の駅として開業
■明治42年(1909)：北陸本線に改称
■現駅舎は昭和50年代改築

新宮《しんぐう》駅 JR紀勢本線／和歌山県 新宮市

半世紀を経た、南紀の未来駅

たぶん国鉄設計陣のなかにいたコルビジェ信者が確信犯的に試したのではないか、そう思わせる日本離れした連続窓の美しき超近代建築駅舎である。その圧倒的な印象から大きく見えるが、実際は2階建てながらかなり痩せた建物で、改札口の天井は吹き抜けになっている。さらに待合室の一角にある、今では珍しい螺旋階段の上にレストランもあるなど、機能とデザインが両立しながら半世紀以上も続いている。ちなみに窓ガラスは166枚あって南国新宮の陽光を存分に取り込んでいる。紀勢本線はJR西日本最後の駅、この駅から東がJR東海になっている。

●右写真
1 南国らしい駅前の風景、ガラス張りがまぶしい
2 改札ホールの螺旋階段、よき時代の駅舎だ

- 大正2年(1913)3月1日：新宮鉄道の駅として開業
- 昭和9年(1934)：国有化され紀勢中線の路線名に
- 昭和15年(1940)：紀勢西線に編入
- 昭和27年(1952)6月：現駅舎に改築

大竹駅《おおたけ》 JR山陽本線／広島県 大竹市

工場地帯に、直線駅の気持ちよさ

昭和40年代も後半になると国鉄赤字を背景に駅舎建築にも経費節約の嵐が吹き荒れた。外装は吹きつけ塗装で内装もモルタル仕上げ、本来なら壁に埋め込むべき配管もむき出しで這わせるような最低限の規格が示され、徹底したコストダウンのもとで駅舎も改築されていった。大竹駅舎もその時期のもので、設計陣は簡素な施工ながら建物の形で個性を出すような抵抗を試みている。一帯は化学工業地帯で駅にはJR貨物のターミナルも併設し、どこか殺風景で無国籍な風景のなかにキレのいいフォルムの駅舎が建っている。そんな駅舎に張り紙や看板類が少ないのは救いだ。

●右写真
1 駅頭のコイのモニュメントと簡素な国鉄建築
2 「直線モダニズム」が好まれた昭和の駅だ

■明治30年(1897)9月25日：山陽鉄道の駅として開業
■明治39年(1906)：国有化される
■明治42年(1909)：山陽本線の所属となる
■昭和48年(1973)：現駅舎に改築

伊《い》予《よ》西条《さいじょう》駅 JR予讃線／愛媛県 西条市

放送局のような鉄塔を持つ

四角いコンクリートのビルに古めかしい無線塔を備えた予讃線の重要駅である。建設されたのは国鉄の赤字が深刻化してきた昭和43年で、灰色の壁面を広くとったビル形駅舎はデザイン的に目立つものではない。それでも完成時とほとんど変わらない建物は無線塔とのバランスもよく、全体に大時代な訴求力を備えた駅舎になっている。ちなみにこの無線塔は国鉄時代、四国管内の鉄道電話を本州側に送受信するために建てられたもので、現在は携帯各社の中継局として利用されている。駅舎3階部分に並ぶ窓は、運転職員などの宿泊・仮眠施設の部屋の窓である。

●右写真
1 列車到着で噴き上がる自動噴水、遅延するとずれる
2 予讃線の重要な駅、四国鉄道文化館も併設の駅

■大正10年(1921)6月21日：開業
■昭和43年(1968)6月：現駅舎に改築

しみじみニッポンの駅舎

鉄道が日本にやってきてから140年あまり。文明開化の担い手として全国に建てられていった鉄道の駅は、やがて地域の玄関の地位を占めていく。戦時の出征から集団就職、そして出会いと別れ。人生の節目に登場する駅は宿命的にドラマチックな存在である。駅はこうありたい、そう思う原風景のような駅舎を選んでみた。いずれも10年後は残っているかどうかわからない、これも絶滅危惧駅舎だ。

三厩駅《みんまや》 JR津軽線／青森県 外《そと》ヶ《が》浜町《はままち》

本州のレイル・エンド

今、日本の終着駅のなかで最も寂寥感が漂うのはこの三厩駅ではないかと思う。線路はすでに半島の津軽海峡側に達し、空間の目立つ構内を風が通りすぎていく。駅舎は簡素な切妻の建物で、待合室からストーブの煙突が突き出している。途中までは津軽海峡線の一部として近代化された津軽線だが、それも青函トンネルに直結する中《なか》小《お》国《ぐに》駅までで、その先は非電化のローカル区間として十年一日のごとく変わらない。当然この区間は鉄道会社としては頭の痛い赤字路線だ。しかしいつか訪ねてみたいと思わせる、こんな駅が日本に存在することが豊かさだと思う。

●右写真
1 これぞ終着駅、気動車が1両、発車を待つ
2 線路末端の車庫には除雪車が待機する

■昭和33年(1958)10月21日：開業時開駅、駅名の読みは「みうまや」として開業
■平成3年(1991)：読みを「みんまや」に変更

医《い》王《おう》寺《じ》前《まえ》駅 福島交通飯坂線／福島県 福島市

一列小屋で完結のミニマム駅舎

ローカル私鉄駅に時として現れる掟《おきて》破りのミニマム駅舎だ。島式ホームの末端にある小屋が駅舎で、その幅は大人の身長にも満たない。しかも窓口からホームまでバラック造りの屋根で繋いで、乗客が雨で濡れるのを防いでいる。駅舎の背後には職員用の簡易トイレがあり、さらにその背中には信号機器が艦隊のように並んで、しんがりは井戸まであるなど敷地を極限まで活用している。つまり２つの線路の間だけで自己完結している不思議な駅なのだ。電車から見るとまるで犬小屋のような駅舎だが、朝晩は駅員が派遣されてくる。この駅舎は、ひょっとすると日本最小駅舎ではないかと思う。

●右写真
1 玉石を積み上げたホームは福島盆地に多い
2 線路の隙間に並んだ駅施設、ちょっとした奇観だ

■大正14年(1925)6月20日：飯坂電車仏坂上駅として開業
■大正15年(1926)：医王寺前に駅名改称

1

2

神戸《ごうど》駅 わたらせ渓谷鐵道／群馬県 みどり市

桃源郷の老駅舎

　セメント瓦に押し縁下見の板張り、まるで鉱山住宅のような黒ずんだ老駅舎に、国鉄足尾線時代からの青地に白の駅名看板がよく馴染んでいる。わたらせ渓谷鐵道では上神梅《かみかんばい》駅舎とならぶ開業以来の最古参駅舎で、駅頭には見事なアカマツが茂っている。かつては足尾に向かって勾配区間が始まる駅で、蒸気機関車が釜圧を上げて発進していった構内には花桃が植えられ、春はピンク色に染まる。昭和が終わる頃はこんな駅を見てもただの古駅舎にしか見えなかったと思うが、時代が過ぎてあらためて見ると、じつに琴線にふれる。今も老朽駅舎に変わりはないが。

●右写真
1 簡素な鉱山鉄道の駅舎、内部は農産物直売所だ
2 ハナモモの時期、駅はピンクの花に囲まれる

■大正元年(1912)9月5日：足尾鉄道神土駅として開業、駅舎も竣工
■大正2年(1913)：国有化、足尾線となる
■平成元年(1989)：第三セクターわたらせ渓谷鐵道に転換、神戸と駅名も改称

外《と》川《かわ》駅　銚子電気鉄道／千葉県 銚子市

木造駅舎はこれでいいのだ

　かつて経営を地元ゼネコンが行なっていたとき、多くの駅舎をスペイン調に改装して観光化を図り失敗したことがある。しかし終着駅外川は、当初から観光ニーズとは無縁で、開業時からの木造駅舎がなかば放置するように残された。しかしその渋い終着駅の姿が近年評判を呼び、駅頭にあった自販機は側面に移され、駅前の舗装もはがされて砂利道に戻った。海岸段丘の末端まで線路を延ばした終着駅は小集落に頭を突っ込むように建てられ、初老の駅員がきっぷと名物「ぬれせんべい」を販売する。はからずも外川駅は小私鉄の終着駅の理想像を見るような駅になっている。

●右写真
1 銚子電鉄の終着駅、初老の委託駅員が電車を見送る
2 歴史を感じる駅事務室、居心地はよさそう

■大正12年(1023)7月5日：銚子鉄道により開業時開駅、駅舎も竣工
■昭和23年(1948)：銚子電気鉄道に改称

1

2

松代《まつしろ》駅 長野電鉄屋代線／長野県 長野市

身なりかまわぬ城下町駅

　壁には工事現場のような「安全」の文字が大書され、軒の白壁も汚れ、ひさしの柱も痩せ細り、まるで枯れた老人のような駅舎である。駅舎にかまわないのが長野電鉄の特徴で、同線に多数の木造駅舎を抱えている。そのなかでも松代駅は大きな建物で、以前は駅構内で貨物列車の編成も行なう重要駅でもあった。戦時中には松代大本営の造成資材運搬のために昼夜兼行の輸送をこなし、昭和40年には5万回にも及ぶ松代群発地震にも耐えた。枯れた老人はただ者ではないのだ。すでに古寺の風格すら帯びる松代駅だが、この屋代線の存続も含めて心配な駅舎である。

●右写真
1 廃止問題に直面する屋代線の中核駅だ
2 使い込まれた木造駅舎、ファンの多い駅舎だ

■大正11年(1922)6月10日：河東鉄道の駅として開業、駅舎竣工
■大正15年(1926)：長野電鉄河東線と改称
■平成14年(2002)：屋代線に改称

1

2

寺田駅《てらだ》 富山地方鉄道本線・立山線／富山県 立山町《たてやままち》

富山平野の鉄道ジャンクション

富山県内に路線を延ばす富山地方鉄道の重要な分岐駅だ。線路はここから黒部方面と立山方面、そして富山方面の三方に分かれているので頻繁に電車が発着し、踏み切りの音が絶えない駅だ。構内は公衆トイレを扇の要にして４本のホームが広がり、その中間には中央待合室という年季の入った建物がある。かつてはその２階に監視台があって、やってくる電車を見ながら信号とポイントを操作していた。また、構内踏み切りを渡ると古びた駅舎があり、それらを含めた全体が見事に年輪を刻んで、なんともいえないなつかしい鉄道の小宇宙を作っている。富山では必見の駅である。

●右写真
1 富山地鉄沿線では数少ない有人駅だ
2 黒部方面と立山方面の分岐駅、列車本数は多い

■昭和６年(1931)8月15日：富山電気鉄道の駅として開業、駅舎もこのときに竣工
■昭和18年(1943)：富山地方鉄道に改称

猪谷《いのたに》駅 JR高山本線／富山県 富山市

飛騨・越中の国境駅

雪国らしい、丈夫そうな黒瓦をのせたシンプルな木造駅舎だが、玄関に掲げられた国鉄スタイルの看板がなんとも印象的だ。この駅はかつて神岡《かみおか》鉱山まで第三セクターの神岡鉄道が分岐していたところで、もっと以前には軌間610ミリの神岡鉄道(鉱山軌道)も接続していた山中の重要駅だった。さらに今はJR東海と西日本の境界でもあり、普通列車の乗客はまるでホームに国境があるかのように歩いて列車を乗り換える。すでにここも無人化されて駅舎も待合所以外の役割はないが、私は平成17年末の豪雪時にこの駅舎で数時間列車待ちをした思い出がある。頼もしい駅舎である。

1

2

●右写真
1 黒瓦の山中の駅、無人だが乗務員の休憩施設に
2 JR東海と西日本(手前)の乗換駅、特急は直通だ

■昭和5年(1930)11月27日：国鉄飛越線の駅として開業、駅舎竣工
■昭和9年(1934)：高山本線に改称

北《きた》府《ご》駅 福井鉄道福《ふく》武《ぶ》線／福井県 越前市

福井の落武者ステーション

たくさんの線路に囲まれた駅である。なにしろ福井鉄道の車両工場に隣接しているので、ホームから留置線の電車や保線車両群が丸見えなのだ。また、それらがいい感じに古びているので、あたかも自分が昭和の鉄道ジオラマに入り込んだような錯覚を覚える。駅舎も土壁は落ち、壁板が反り返った落武者のような木造で、しかもバリアフリー工事を施されたので珍妙な状況を呈している。さらに必見は構内にそびえる福井鉄道の本社で、木造２階建ての威風堂々とした瓦屋根が圧巻だ。駅と車庫全体がマニアックな鉄道ワールドと化した北府駅。末永き安泰を願わずにいられない。

●右写真
1 鉄道の構内にある手前の建物は理髪店
2 駅入り口にある福井鉄道の本社の建物

■大正13年(1924)2月23日：西武生駅として開業、駅舎も竣工
■平成22年(2010)3月：北府に駅名改称

湯《ゆ》谷《や》温《おん》泉《せん》駅 JR飯田線／愛知県 新城《しんしろ》市《し》

旅館だった木造駅舎

まるで下宿屋のような風情の駅舎である。それというのも前身の鳳来《ほうらい》寺《じ》鉄道時代は旅館として営業していたなごりで、その大柄な建物のほとんどが客室だったからだ。現在は塞がれているがかつては立派な玄関もあり、国有化された後は職員寮としても使われていたという。ほぼ同型の駅舎は三河大野駅にもあって(改築済み)、私鉄時代の意欲的な経営がしのばれる。ちなみにこの付近では電気製材以前の水車製材所の遺跡が谷筋の各所にある。湯谷温泉駅の分厚い杉板も地元の水車で製材されていたものかもしれない。鉄道旅館として唯一残る駅舎は産業史的にも貴重だと思う。

●右写真

1 駅の部分はごく一部しか使っていない

2 ベニヤでふさがれたところが旅館の玄関

■大正12年(1923)2月1日：鳳来寺鉄道により湯谷駅として開業、駅舎も竣工

■昭和18年(1943)：国有化され飯田線に

■平成3年(1991)：湯谷温泉駅に駅名改称

1

2

神海駅《こうみ》 樽見鉄道／岐阜県 本巣市《もとすし》

濃尾平野のゆったりとした時間

かつては国鉄樽見線の終着駅だった簡素な駅舎だ。玄関の駅名も国鉄時代の「美濃神海」から「美濃」をはずしただけのナゲヤリぶりで、古い売店の看板もそのままだ。しかし素っ気なさも風雪を経ると不思議な味が出てくるもので、駅事務室に入居する珈琲専門店も古びた建物によく似合っている。その珈琲店も駅前の商店主が趣味でやっている風情で、駅全体に漂う脱力感がなんとも心地いい、東海地方を旅するなら一度訪ねてほしい癒しの駅である。樽見鉄道はこの駅から終着の樽見駅までは平成になってから延長開業した新線区間で、奥に行く程線路が新しい鉄道である。

●右写真
1 駅事務所が珈琲店になっている
2 主人は国鉄樽見線時代からの鉄道ファンだとか

■昭和33年(1958)4月29日：国鉄谷汲線美濃神海駅として開業時開駅。駅舎も竣工

■昭和59年(1984)：第三セクターの樽見鉄道に転換、神海に駅名も改称

美濃赤坂《みのあかさか》駅 JR東海道本線支線／岐阜県 大垣市

プチ支線の長命終着駅

東海道本線の大垣駅から分岐する支線の終着駅である。駅舎を語る前にこの支線を説明すると、金生山《きんしょうざん》という石灰鉱山へ向かう5kmの支線で、今も石灰輸送に使われている。美濃赤坂はそのJR線の終着駅で、その先の鉱山までは西濃《せいのう》鉄道が結んでいる。ホーム末端にある駅舎はいかにも貨物駅といった素っ気ない風情で、駅舎の事務所に人はいるが貨物の要員で、集改札は電車の車掌が行なっている。しかし車輪マークの入った木製ベンチや風雨がしみこんだ板壁など、東海道線の駅とは思えぬローカル風情が嬉しい。青春18きっぷの時期には用もない旅人がたくさんやってくる味わいに満ちた終着駅である。

●右写真
1 無人化されて久しいが、地域の玄関の役割を果たす
2 駅の周囲は石灰鉱山への線路が多数残る

■大正8年(1919)8月1日：開通時開駅

松前駅《まさき》 伊予鉄道郡中《ぐんちゅう》線／愛媛県 松前町《まさきちょう》

松山城下のこぢんまり和風

民家のような本屋《ほんおく》に入母屋の玄関を設けた古めかしい駅舎だ。けっして本格和風でもないシンプルな造りなのだが、郡中線の駅舎のなかではひときわ目立つ構えである。もうひとつ、この駅舎で特筆すべきは待合室の居心地の良さで、いまだ木製のガラス戸に囲まれたベンチに座ると１～２本電車をやりすごしてもいい、という気にさせられる。建物に数寄屋の軽さが感じられるのは、この松前が松山城下の商人町だったせいだろうか。今も構内には倉庫や保線小屋があり、ホーム屋根を支える古レールなど見るべきものも多い。いずれ改築のターゲットになりそうな木造駅舎だ。

●右写真
1 古風な玄関、隣にも創業時からの倉庫がある
2 古レールが見事な松山市方面行きのホーム

■明治29年(1896) 7月4日：南予鉄道の駅として開業
■明治33年(1900)：伊予鉄道に吸収される
■改築は推定大正期か

蔵宿駅《ぞうしゅく》 松浦鉄道／佐賀県 有田町

松浦鉄道の好々爺

いかにも大時代な入母屋の大屋根と土壁が、この駅が並の古さではないことを伝えている。佐世保から松浦半島の沿岸を走ってきた松浦鉄道がようやく有田の市街に入ってくるところにある蔵宿駅は、この鉄道では唯一といっていい伝統的木造駅舎だ。すでに無人化されて久しく、どこもかしこも枯れきったたたずまいだが、初夏にはホームにツツジが咲いて、ちょっとした名所になる。無人駅の常でいつも開け放たれ、広い犬走り（軒下）とともに気持ちいい風が吹き抜ける東屋のような駅舎だ。はっきり言って三セクの派手なレールバスタイプの車両がまるで似合わない駅である。

1

2

●右写真
1 すでに駅舎というより東屋（あずまや）の風情だ
2 架線のない非電化鉄道だけに駅風景はいい

■明治31年（1898）8月7日：伊万里鉄道開業時開駅、駅舎も竣工
■明治40年（1907）：国有化
■大正2年（1913）：現駅舎に改築
■昭和63年（1988）：松浦鉄道に転換

廃線跡になお残る駅舎

国鉄末期、赤字ローカル線として廃止に追い込まれた路線は45線、1846kmに達した。さらに私鉄や第三セクターに転換した鉄道の廃止も含めると、この約30年間に2000km以上もの鉄道が地図上から消えた。当然、おびただしい数の駅も運命をともにする。それらは、ほとんど壊されたものの、地域住民の力でなんとか残った建物がある。ここでは鉄道の記憶をとどめる、わずかに残った駅舎を訪ねてみよう。

豊牛《とようし》駅 国鉄興浜北《こうひんほく》線／北海道 浜頓別町《はまとんべつちょう》

新建材の小型駅舎

以前、北海道に残るこのような駅舎を「プレハブの簡易駅舎」と書いて、読者から「プレハブとは何事か、よく造られた建物である」とお叱りを受けたことがある。興浜北線に残るこの駅舎もローカル駅舎の更新時に国鉄によって建てられたマスプロ設計の小型駅舎で、特徴的なルーフは断熱効果に優れたものだという。駅舎にはトイレも備えられているが無人が前提で事務所スペースはない。床はコンクリートで豊牛駅舎は物置に使われていた。隣の斜内《しゃない》駅にも同型の駅舎が残るが、別荘として使われている模様。腐っても国鉄、あらためて見ると確かに半端な建築ではなさそうだ。

1

2

●右写真
1 「荒野に建つ謎の建物」といった風情、線路はない
2 倉庫として使われているようだ

■昭和11年(1936)7月10日：開業時開駅
■昭和50年代に駅舎改築
■昭和60年(1985)7月1日：廃止に伴って廃駅

中興部《なかおこっぺ》駅 JR名寄《なよろ》本線／北海道 西興部村《にしおこっぺむら》

木造駅舎の静かな余生

「本線」と名がつく唯一の廃止路線だった名寄本線だが、石北《せきほく》本線が開通する以前は道央から道東を結ぶ遠大な幹線でもあった。中興部駅は今もホームや駅舎が廃止時のまま残され、隣接する農場が使っている模様だ。駅舎は昭和40年代に改築された簡素な木造建築だが、見事な下見板張りに覆われている。この頃はまだ駅員常駐の前提で駅舎が建てられていたようだ。交換可能駅だったホームの先はすっかり牧草地になっていて、レールのない駅の孤立感が際だっている。名寄本線に残る木造駅はこのほか中名寄《なかなよろ》と上興部《かみおこっぺ》にあるが、線路はほとんど農地に消えている。

●右写真
1 農場のなかの旧駅舎、手前の線路は牧草地に
2 映画のロケに使えそうな駅のたたずまいを残す

■大正10年(1921)10月5日：開業時開駅
■昭和43年(1968)12月：現駅舎に改築
■平成元年(1989)5月1日：名寄本線廃止に伴い廃駅

沼牛駅《ぬまうし》 JR深名《しんめい》線／北海道 幌加内町《ほろかないちょう》

大地を開いた駅舎の残党

沼牛駅は深川方面から幌加内《ほろかない》峠を越えてきた深名線が、長大な幌加内盆地に入ったところに置いた最初の駅だった。周囲は針葉樹の山々、開拓農地に建つ駅舎は出入り口や窓も封鎖されて廃屋一歩手前で踏みとどまっている。そんなささやかな駅にも何軒かの集落ができていて、駅前には農業倉庫も並んでいた。今はすでにレールもなく、駅を訪ねる人もほとんどいない。深名線の廃止から15年を経て深名線の駅舎が櫛の歯が欠けるように消えていった今、沼牛駅も案内看板もなく消えようとしている。深名線には平成21年現在、鷹泊《たかどまり》、政和《せいわ》、添牛内《そえうしない》の各駅舎が現存する。

●右写真
1 すでに閉鎖されて、なかば廃屋のようだ
2 簡素だが、玄関の扉がいい雰囲気だった

■昭和4年(1929)11月8日：雨龍線の駅として開業、駅舎も竣工
■平成7年(1995)9月4日：深名線廃止に伴って廃駅

知《ち》来《らい》駅 JR湧網《ゆうもう》線／北海道 佐《さ》呂《ろ》間《ま》町《ちょう》

モダン駅舎はゲートボール場に

網走と湧別《ゆうべつ》を結んだ湧網線はたった34年間しか運行されなかった鉄道だ。その路線に残る知来駅は昭和28年に建てられた新時代の木骨コンクリート造りの駅舎だった。なにが新しいかと言えば建物とトイレを一体にした構造だった。それ以前は臭気などの問題を木造駅舎では解決できず別棟で建てられていた。とはいえホーム側の屋根には古レールが使われるなど、まだ新建材が現れる以前の建築だが、小さいながらも精一杯新線開業の斬新さが表現されている。現在はホームも線路もなく、なかなか駅舎だとは気がつきにくいが、建物の状態も良く、地元ゲートボールクラブが使っている。

1

2

●右写真
1 片流れ屋根は北海道の民家風、線路は埋められた
2 しっかりとした旧駅舎、地元で便利に使っている

■昭和28年(1953)10月22日：開業時開駅、駅舎も竣工
■昭和62年(1987)3月20日：廃線により廃駅

上利別《かみとしべつ》駅 北海道ちほく高原鉄道／北海道 足寄町《あしょろちょう》

三セク以前の国鉄駅舎

近年、最も大規模な路線廃止となったのが全長140kmを超える北海道ちほく高原鉄道だった。ここでは前身の国鉄時代の駅舎はほとんどが改築されたが、上利別駅舎はそのまま使われ、今もその姿をとどめている。駅舎は三角ファサードに車寄せを重ねた独特のデザインで、足寄《あしょろ》や本別《ほんべつ》の旧駅舎にもよく似ていた。中間駅ながらも立派な構えだったのは、付近に陸軍の軍馬補充部があったからとされている。駅舎はなかば放置状態で活用方法も定かではないが、国鉄スタイルの駅名看板が残されている。ともあれ、国鉄池北《ちほく》線の雰囲気を残す風格の木造駅舎だ。

1

2

●右写真
1 北の駅によく見られる二重のファサード
2 彫りの深い造形、ちほく線の駅としては貴重な存在

■明治43年(1910)9月22日：開業時開駅
■昭和10年(1935)8月：現駅舎に改築
■平成元年(1989)：北海道ちほく高原鉄道に転換
■平成18年(2006)4月21日：廃線により廃駅

新二岐駅《しんふたまた》 夕張鉄道／北海道 栗山町

夕張鉄道でほぼ唯一残る駅舎

マンサードの屋根をシンボリックに飾った独創的な駅舎だ。玄関は正面左手にあって中央部に待合室があり、内部は大部屋の構造だった。木造モルタル造りの鉄板葺きで建築年も昭和29年と、全国の駅舎が新しい姿に変わっていく時期の駅舎だった。夕張鉄道はこの新二岐駅から、駅名のとおり角田炭鉱専用軌道が分岐していた。またここから夕張山地を越えるため、次の錦沢《にしきざわ》駅まで延々と上り勾配が続いていた。かつてセキ車(石炭貨車)が並んでいた空き地に残る新二岐駅舎だが、夕張鉄道でほぼ唯一の現存駅舎として極めて貴重な存在だと思う。

●右写真
1 ホーム側の入り口、煙突がアクセントに
2 マンサードに丸窓、愛嬌があるデザイン

■昭和元年(1926)10月14日：開業時開駅
■昭和29年(1954)：現駅舎に改築
■昭和50年(1975)：夕張鉄道廃止に伴い廃駅

1

2

幸福《こうふく》駅 国鉄広尾線／北海道 帯広市

’70年代の観光遺産

キスリングザックを担いで北海道を旅する「カニ族」全盛期の70年代初め、「愛国→幸福」のきっぷが爆発的に売れて有名になった駅である。考えてみればこれがローカル駅が注目される先駆けで、以後全国のお目出度い駅名が次々にクローズアップされた。すでに廃止されてから20年以上も過ぎているが、十勝帯広空港が近いこともあって農村公園として保存され、駅舎のほかにホームにはキハ22も置かれている。ちなみにこの広尾線には愛国《あいこく》、忠類《ちゅうるい》、大樹《たいき》、広尾の各駅舎が残されている。幸福駅舎はまさに小屋だが、ホームに沿って見事な鉄道林も残っている。

●右写真
1 旅人のおびただしい名刺が貼られた駅舎内
2 防風防雪林のなかにキハも保存されている

■昭和31年(1956)8月26日：幸福仮乗降場として開駅、同年11月に駅に昇格
■昭和62年(1987)：広尾線廃止とともに廃駅

七戸《しちのへ》駅 南部縦貫鉄道／青森県 七戸町《しちのへまち》

レールバスの終着駅

富士重工製のレールバスが走ることで知られた青森の名物鉄道だった。その終着駅でもあり本社もあった七戸駅だけがそっくりそのまま残されている。木造モルタル２階建ての学校校舎のような大柄の駅舎は現在も名前を引き継いだ「縦貫タクシー」の事務所として使われ、かつての社長室や待合室なども現存している。また鉄道ファンには嬉しいことに車庫には２両のレールバスやほかの車両群もボランティアの手によってほぼ動態で保存されている。そんな七戸駅はこれからどうなるか決まっていないが、英国にあるような保存鉄道としてよみがえってほしい駅とレールバスだ。

●右写真
1 まるで学校校舎のような旧駅舎が残る
2 簡素なホーム、ときおりレールバスの運転会も

■昭和37年(1962)10月20日：開業時開駅、駅舎も竣工
■平成９年(1997)：営業休止
■平成14年(2002)8月1日：廃止に伴って廃駅

月《つき》潟《がた》駅 新潟交通電車線／新潟県 新潟市

土手の上の電車駅

新潟平野の真ん中、旧信濃川の堤防に沿って走っていた新潟交通電車線に残る旧駅だ。この駅も堤防上にあって「旧月潟駅周辺公園」として保存車両とともに残されている。駅舎は堤防からはみ出すように建てられたこぢんまりとした半2階建てで、ここには末期まで駅員も常駐していた。現在、駅舎の内部は旧駅を運営する保存会の事務所として使われ、今も現役当時の風情を保っている。この月潟から東《ひがし》関《せき》屋《や》までの廃線跡は長らくそのまま残されていたが近年、一気に撤去が進められ、鉄道の痕跡はこの月潟駅に残すのみとなった。それだけに貴重な遺産になっている。

●右写真
1 現役の頃からの植木が残るホーム
2 その色からカボチャ電車と呼ばれた保存車両

■昭和8年(1933)8月15日：新潟電鉄として開業、駅舎も竣工
■昭和18年(1943)：新潟交通の駅となる
■平成5年(1993)：月潟～燕間が廃止され終着駅となる
■平成11年(1999)4月5日：路線廃止により廃駅

三《み》河《かわ》広《ひろ》瀬《せ》駅 名古屋鉄道三河線／愛知県 豊田市

箱庭のような風景と廃止駅舎

名鉄三河線は三河地方を南北に縦貫する路線だが、平成16年に南北両端の合計26kmが廃止された。三河広瀬駅は三河線の北側、通称「山線」区間にあった。今も駅舎は矢作《やはぎ》川沿いの景勝地にあり、かつては川遊び客で春秋は賑わったという。トタン葺き切妻屋根の駅舎は子細に見ると現代の建築には見られない造りが施されている。厚みのある腰板はこの駅独特のものだ。駅舎は廃止後も名鉄の所有というが、ほどよくまとまった駅前風景とともにいい感じで保存され、待合室は地元グループが休憩所として一般に開放している。旅の途中に立ち寄りたい旧駅舎だ。

1

2

●右写真
1 駅を愛する人たちで大切に保存されている
2 この区間はまだレールも残っている

■昭和2年(1927)9月17日：三河鉄道として開業、駅舎も竣工
■昭和16年(1941)：名古屋鉄道に併合
■平成16年(2004)：猿投～西中金間廃止に伴い廃駅

二見文庫

絶《ぜつ》滅《めつ》危《き》惧《ぐ》駅《えき》舎《しゃ》

写真と文　杉《すぎ》崎《ざき》行《ゆき》恭《やす》

発行所　株式会社 二見書房
東京都千代田区三崎町2-18-11
電話 03(3515)2311［営業］
03(3515)2314［編集］
振替 00170-4-2639

編集協力　蔭山敬吾（グレイスランド）
本文デザイン&DTP　山下篤則（アーズスタジオ）
印刷／製本　図書印刷株式会社

落丁・乱丁本はお取り替えいたします。
定価は、カバーに表示してあります。

ISBN978-4-576-10090-6
http://www.futami.co.jp/